心。

人生を意のままにする力

稲盛和夫

サンマーク出版

心。目次

プロローグ

第❶章
人生の礎を築く。

第❷章 善なる動機をもつ。

第3章 強き心で成し遂げる。

第4章 正しきを貫く。

第❺章
美しき心根を育てる。

装幀・造本　菊地信義
写真　ライブワン／菅野勝男
編集協力　乙部美帆、鷗来堂
本文組版　J－ART
構成　大隅光彦、斎藤竜哉（サンマーク出版）

プロローグ

人生のすべては自分の心が映し出す

これまで歩んできた八十余年の人生を振り返るとき、そして半世紀を超える経営者としての歩みを思い返すとき、いま多くの人たちに伝え、残していきたいのは、おおむね一つのことしかありません。それは、「心がすべてを決めている」ということです。

人生で起こってくるあらゆる出来事は、自らの心が引き寄せたものです。それらはまるで映写機がスクリーンに映像を映し出すように、心が描いたものを忠実に再現しています。

それは、この世を動かしている絶対法則であり、あらゆることに例外なく働く真理なのです。

したがって、心に何を描くのか。どんな思いをもち、どんな姿勢で生きるのか。それこそが、人生を決めるもっとも大切なファクターとなる。これは机上の精神論でもなければ、単なる人生訓でもありません。心が現実をつくり、動かしていくのです。

そんな〝心〟のありようについて最初に気づくきっかけとなったのは、私がまだ小学生のころ。肺結核の初期症状である肺浸潤にかかり、闘病生活を余儀なくされたことでした。幼い私にとってそれは、暗くて深い死の淵《ふち》をのぞいたような強烈な体験でした。

鹿児島にあった私の実家は、叔父二人、叔母一人が結核で亡くなるという、まるで結核に魅入られたような家でしたが、私は感染を恐れるあまり、当時、結核にかかった叔父が寝込んでいる離れの前を通りすぎるときには、鼻をつまんで走り抜けていました。

私の父はといえば、肉親を世話するのは自分しかいないと覚悟を決めていたのでしょう。感染することなどまったく恐れず、とても献身的に看病をしていました。私の兄もまた、そんなにたやすくうつるものではないだろうと、まったく気にもとめていませんでした。

そんな父や兄は感染することなく、私だけが病魔に襲われてしまった。ひたひたと迫りくる死の恐怖におののきながら、私は日々鬱々とした気持ちで病床に伏せるほかありませんでした。

そんな私を見かねたのか、当時隣に住んでいたおばさんが一冊の本を貸してくれました。そこにはおよそ、次のようなことが書いてありました。

「いかなる災難もそれを引き寄せる心があるからこそ起こってくる。自分の心が呼ばないものは、何ひとつ近づいてくることはない」

ああ、たしかにそうだ、と私は思いました。病気を恐れず懸命に看病をしていた父は感染せず、また病気など気にせず平然と生活していた兄もまた罹患《りかん》しなかった。病を恐れ、忌み嫌い、避けようとしていた私だけが、病気を呼び寄せてしまったのです。

すべては〝心〟がつくり出している――このとき得た教訓は、その後の私の人生に大きくかかわる大切な気づきとなりましたが、当時はまだ年端もいかない子どものこと。その意味するところを十分理解するまでにはいたらず、それによって人生が大きく変わることもありませんでした。

その後、少年期から社会に出るまでの私の人生は、挫折と苦悩、失意の連続でした。中学受験には二度も失敗し、大学受験をしても希望の学校に行くことはかなわず、続く就職試験も思うようにならない。なぜ自分ばかりがこううまくいかないのだ、何をやってもダメにちがいないと失望し、うちひしがれ、暗い気持ちで日々を送るばかりでした。

そんな人生の流れが大きく変わったのは、大学を卒業し、京都にある碍子《がいし》メーカーに就職してからのことです。

不況による就職難の中、大学の先生からの紹介をいただいて、やっとのことで入社した会社でしたが、フタを開けてみればすでに経営は行き詰まっていて、ほぼ銀行の管理下にあるというボロ会社でした。

同期に入社した仲間は一人、二人と辞めていき、とうとう私一人になってしまいました。

逃げ場のなくなった私は、それならば、と心を入れ替えて仕事と向き合うことにしました。

どんな劣悪な環境であっても、できるかぎりの仕事をやってやろうと肚《はら》を据え、研究室になかば泊まり込むほどに研究開発に没頭したのです。

やがて成果が上がりはじめ、おのずと周囲からの評価も上がると、ますますやりがいを感じて研究に邁進《まいしん》する。するとおもしろいように、さらによい成果が出る。そんな好循環が生まれ、やがて私は、当時世界的にみても先駆的な独自のファインセラミックス材料の合成に成功することができたのです。

けっして能力が向上したわけでも、すばらしい環境が与えられたわけでもない。ただ考え方を改め、心のありようを変えただけで、自分をとりまく状況が一変した。

人生とは心が紡ぎ出すものであり、目の前に起こってくるあらゆる出来事はすべて、自らの心が呼び寄せたものである――少年のころにつかんだその法則を、このときにあらためて実感し、人生を貫く〝真理〟として心に深く刻みつけることとなったのです。

善なる動機をもてば、成功へと導かれる

以来、今日にいたるまで、私の人生はつねに〝心〟について探究を重ね、また自らに心のありようを問いつづける日々でした。

いかに生きるかという問いは、すなわちいかなる心をもつかと同義であり、心に何を描くかが、どんな人生を歩むかを決定します。

純粋で美しい心をもって生きる人には、それにふさわしい、豊かですばらしい人生が拓《ひら》けてくるものです。

一方、自分だけがよければいいという狭量な思いや、人を蹴落としてでも自分だけが利を得ようとする邪《よこしま》な心をもつ人は、一時的に成功を収めることはあっても、やがては没落する人生を送ることになってしまいます。

いくら努力をして苦労を重ねても、いっこうに人生がよくならないと嘆く人がいたら、まずは自らの内側に目を向けて、正しい心をもっているかどうかを問い直さ

なければなりません。

なかでも人がもちうる、もっとも崇高で美しい心――それは、他者を思いやるやさしい心、ときに自らを犠牲にしても他のために尽くそうと願う心です。そんな心のありようを、仏教の言葉で「利他」といいます。

利他を動機として始めた行為は、そうでないものより成功する確率が高く、ときに予想をはるかに超えためざましい成果を生み出してくれます。

事業を興すときでも、新しい仕事に携わるときでも、私は、それが人のためになるか、他を利するものであるかをまず考えます。そして、たしかに利他に基づいた「善なる動機」から発していると確信できたことは、かならずやよい結果へと導くことができたのです。

ＫＤＤＩの前身である第二電電を設立したときのこと。日本で電気通信事業が自由化されたとはいえ、それまで業界を独占していた強大なＮＴＴに立ち向かうことは、危険かつ無謀なことでした。

事業を開始するまでのおよそ半年の間、毎晩眠るまでの時間に、私はくり返し自らの心に厳しく問いました。通信事業への参入は、ほんとうに善なる心、正しく純粋な思いからなのか。自分が名声を得たいためではないか、そこにひとかけらの私心もないか――と。

そして、「自分にはたしかに私心はない、動機は善である」という揺るぎない確信を得てから、参入を決めたのです。

当初は、同じく手をあげた他の二社に比べて、第二電電は圧倒的に不利だといわれていましたが、事業がスタートしてみると、つねに三社のなかでトップを走りつづけることができました。

その後、ＫＤＤ、ＩＤＯとの大同団結を果たし、ＫＤＤＩと社名を変えて、いまでは日本を代表する通信事業者の一つとして大きく成長しています。

また、後年経営破綻した日本航空（ＪＡＬ）を再建させるべく、請われて会長に就任したときも同様でした。

当時の政府と企業再生支援機構からお話をいただいた当初、私は高齢であること、また航空業界には門外漢であることなどを理由に、何度もお断りしました。しかし再三の要請をいただくにつれて、その仕事にいかなる社会的意義、そして「善なる動機」があるかどうかを考えざるをえませんでした。

やがて、そこには三つの大切な意義があることが見えてきた。

一つは、日本経済の再生のためです。わが国を代表する航空会社の破綻は、日本経済にきわめて深刻な影響を与えることになる。一方、再生に成功すれば社会全体に大きな自信を与えることにつながります。

二つには、残された社員たちのため。再生がうまくいかず二次破綻ともなれば、三万二千人にものぼる社員が職を失ってしまうことになる。会社の再建は、すなわち彼らの生活を守ることでもあるわけです。

三つには、国民の利便性のため。日本航空がなくなれば、国内における大手航空会社は一社だけになり、公正な競争原理は働きにくくなる。運賃は高止まりし、サービスも低下して、利用者に不利益が及びかねない。

日本航空の再生は、たしかに社会的に大きな意義をもつ仕事である――「義を見てせざるは勇なきなり」という思いから、私は会長就任を受諾することに決めたのです。

これもまた、世間の大方の意見は、日本航空の再建はだれが手がけてもダメだろう、二次破綻は避けられないといった悲観的なものでした。しかし、そうした予想を見事にくつがえし、日本航空は改革に着手した一年目から急激な回復を遂げ、その後も過去最高益を次々に更新するまでになりました。

そして破綻から二年半あまりを経て、無事に株式再上場を果たすことができたのです。

燃える闘魂もまた、「善なる動機」から生まれる

もちろん、すべてが「やさしい思いやり」の心だけでうまく運ぶわけではありません。何事かをなそうとすれば、いかなる困難にも負けず、果敢に突き進む強い意志、何があっても成し遂げるというすさまじいまでの熱意が必要です。

そうした〝燃える闘魂〟もまた、善なる動機に基づいた目的の成就に必要なもの

で、やさしい利他の心に裏打ちされてこそ、揺るぎのない強固なものになるのです。

明治維新が成功したのは、勤王の志士たちに「世のため、人のため」という思いに基づいた〝大義の御旗〟があったからです。世の中を改めることなくしてはこの国の近代化はならず、日本は欧米列強の植民地にされてしまう。その危機感や気概――私心を捨てて、国を思う心が彼らをつき動かし、維新回天の業《わざ》を成し遂げるエネルギーとなったのです。

先に述べた第二電電が、不利な条件の中からスタートしたにもかかわらず、大きく成長することができたのは、すべての従業員が「長距離電話料金を下げて、国民のために役立つ仕事をする」という目的のもと、一丸となってがんばってくれたからです。

その過程では、幾度となく困難に見舞われ、大きな障壁にぶつかりましたが、そんなとき私はいつも、従業員に対してこういって励ましつづけました。

「いま私たちは百年に一度あるかないかという機会を手にしている。その幸運に感謝し、たった一度の人生を意義あるものにしよう」

彼らもまた、その声にこたえて懸命に努力を重ねてくれたのです。

日本航空が再生を果たすプロセスでも、それは同じです。

従業員たちが自分の都合や欲得よりも会社にとって何が大切かを考え、その思いに基づいて自ら行動を起こしてくれた。企業再生の原動力となったのは、そうした従業員の〝心〟のありようであり、彼らが一貫して揺るぎなき熱意をもちつづけてくれたからなのです。

日本航空の会長に就任した際、私はすべての従業員に向けて、次のような言葉を紹介しました。

――新しき計画の成就は、ただ不屈不撓《ふとう》の一心にあり。さらばひたむきにただ想《おも》え、気高く、強く、一筋に――

これはインドでヨガの修行をして悟りをひらき、日本でその思想と実践に基づく生き方を伝えた哲人・中村天風の言葉で、かつて成長を続けていた京セラにおいて掲げたスローガンでもあります。私はこの言葉をあらためて、日本航空の全社員に向けて紹介したのです。

このなかでも大切なのは、「気高く」という言葉です。美しく気高い心を根幹にもっているからこそ、ひたすらに強く揺るぎのない「思い」をもつことができる。何が何でも成し遂げるという強烈な思い、どんな苦境にも負けずに進もうという揺るぎない意志が、事を貫徹するためには必要です。そういう思いのもと、かかわる人たちが一丸となって最大限の努力をなしたときに、事は成就する。

その根幹となるのも、美しき利他の思いなのです。

何事をなそうとも、いかなる運命を歩もうとも、私たちが生きているかぎり、めざすべきものは、他によかれかしと思い、他のためによきことをなす「善なる心」です。それは、「真・善・美」という言葉でいい表すことのできる、純粋で美しい心といってもよいでしょう。

もっとも深い〝心〟は宇宙へと通じる

美しく純粋な利他の心に基づいてよきことをなそうとするとき、なぜ物事はよい方向へと導かれ、運命が好転していくのか——その理由を、私はこのように考えています。

人の心の奥には「魂」といわれているものがあり、そのさらに奥深く、核心ともいうべき部分には、「真我」というものがある。それはもっとも純粋で、もっとも美しい心の領域です。

禅の修行をしていると、その段階が深まるにつれ、えもいわれぬ精妙な意識の状態に到達するといいます。それは静かで純粋な至福の境地というもので、すばらしい喜びに満ちている。それこそが真我であろうと思われます。

ふだん私たちはその外側に、「知性」「感性」「本能」といった心を幾重にもまとってしまっていますが、だれもがその奥底に、この上なく純粋で美しい真我をもっている。利他の心、やさしく美しい思いとは、この真我の働きによるものです。

そしてその真我とは、万物を万物たらしめている「宇宙の心」とまったく同じものである、と私は考えています。

仏教では森羅万象に仏が宿っていると説きます。古来あらゆる宗教が語ってきたように、この世のあらゆるものは、宇宙の心というべき〝たった一つの存在〟が、それぞれに形を変えて顕現したものだといえる。

つまり、人の心のもっとも深いところにある「真我」にまで到達すると、万物の根源ともいえる宇宙の心と同じところに行き着く。

したがって、そこから発した「利他の心」は現実を変える力を有し、おのずとラッキーな出来事を呼び込み、成功へと導かれるのです。

宇宙の心とは、宇宙を形づくってきた「大いなる意志」といいかえてもよいでしょう。

宇宙には、すべてのものを幸せに導き、とどまることなく成長発展させようとする意志が働いています。宇宙の原初から生成発展の歴史をひもとけば、そのことがよくわかります。

そもそもひと握りの素粒子しかなかった宇宙は、ビッグバンを契機に原子をつくり、原子はやがて結合して分子を生み出しました。さらに、分子どうしが結びついた高分子にＤＮＡがトラップされて生物ができ、高等生物にまで進化を重ねてきました。

素粒子の塊のままでもよかったはずですし、生物が誕生しても原始生物のままで何ら問題はなかったはずです。しかし、宇宙はそれをよしとしません。

あらゆるものがとどまることなく、あまねくよい方向に向かって進化し、発展を遂げていく。ある宗教家は「宇宙には愛が遍在している」といいましたが、そうした「気」が宇宙には充満しているのではないでしょうか。

私が心に抱く思いもまた、「気」だといってもよい。したがって、すべてをよい方向へと導こうとするよき思い、他を幸せにしようとする美しい心をもつとき、それは「宇宙の心」と同調・共鳴し、おのずと物事をよい方向へと導くのです。

人生の目的は心を磨き、他に尽くすこと

これまで述べてきたことは、実に深遠な人生の真理というべきものですが、このことがわかると、私たちがなぜこの世に生を受け、人生を歩んでいくのか、その意

味もまた明らかになってきます。

人生の目的とは、まず一つに心を高めること。いいかえれば魂を磨くことにほかなりません。

ともすると私たちは、富を手に入れたり、地位や名誉を求めたりすることに執着し、日々自らの欲得を満たすために奔走してしまいがちです。しかし、そうしたことは人生のゴールでもなければ目標でもありません。

生涯の体験を通して、生まれたときよりもいくばくかでも魂が美しくなったか、わずかなりとも人間性が高まったか。そのことのほうが、はるかに大切なのです。

そのためには、日々の仕事に真摯に取り組み、懸命に努力を重ねること。それによって心はおのずと研磨され、人格は高められて、より立派な魂へと成長を遂げる。まずはそのことに私たちが生きる意味があります。

そしてもう一つ、人生の目的をあげるとすれば、人のため、世の中のために尽くすこと。すなわち「利他の心」で生きることです。

自らの欲得を抑え、やさしい思いやりの心をもって、他のために尽くす。それもまた、私たちが命を与えられた大切な意味だといえるでしょう。

心を高めること、そして「利他の心」で生きること――この二つは一体かつ不可分で、他のために尽くすことによってこそ心は研磨され、また美しい心をもつからこそ、世のため人のために働くことができるのです。

自分の思いや振る舞い、行いを省みることによって、利己とエゴに満ちた悪しき我をできるだけ抑え、利他と思いやりにあふれたよき我をできるかぎり発現させていく。

そのことが魂を磨き、心を高めることにつながります。そしてそれによって人格が陶冶され、人生はさらにすばらしく、豊かなものになっていくのです。

どんな人でも、この世に生を受けたかぎりは幸せになる権利があります。それどころか、幸せになることが私たちの生きる義務であろうとすら思っています。

美しい利他の心をもって世のため、人のために力を注ぐとき、私たちの人間性は磨かれ、幸福や充実がもたらされ、その人生もより深い意義と価値あるものになっていくのです。

すべては〝心〟に始まり、〝心〟に終わる――それこそが、私が歩んできた八十余年の人生で体得してきた至上の知恵であり、よりよく生きるための究極の極意でもあります。

本書では〝心〟について、いま私が思うところを忌憚《きたん》なく語ってみたい。そして、次世代を担う人たちへの私の伝言にしたいとも思います。

みなさんが希望をもって明日を生きるための糧となり、すばらしい人生を送る一助となれば、これに勝る幸せはありません。

第1章

人生の礎を築く。

人生を生き抜くためのシンプルな知恵

この世に生を受け、命をまっとうするまで歩みつづける人生という道のりは、だれにとっても波瀾《はらん》万丈のドラマです。

栄光に満ち、歓喜きわまる日があれば、苦難にさいなまれ、歯を食いしばって耐え忍ぶ日もあるでしょう。

そんな人生を、私たちはどう生き抜いていったらよいのでしょうか。この世という荒海をどのように漕《こ》ぎ進めばよいのか。

それは、実にシンプルなことなのです。人生で起こるあらゆる出来事はすべて自らの心が引き寄せ、つくり出したもの。そうであればこそ、目の前に起こってきた現実に対して、いかなる思いを抱き、いかなる心で対処するか――それによって、人生は大きく変わっていくのです。

パナソニックを創業した松下幸之助さんは、幼いころに父親が米相場で失敗して破産したために小学校を中退して丁稚《でっち》奉公に出され、子どものころから苦労を重ねてこられました。

しかし、そんな運命にめげることなく、奉公先の主人に喜んでもらいたいという一途《いちず》な心をもちつづけ、懸命に仕事に励んだ。そうした松下さんの実直で明るい心が、のちのパナソニックの繁栄を築く礎《いしずえ》となったのです。

同じように丁稚奉公にやられた子どもは、当時たくさんいたことでしょう。自らの境遇を恨み、世の中に対してひがんだり妬《ねた》んだりした子も多かったはずです。そういう子が松下さんのように大成することはなかったにちがいありません。

どんな苦難に見舞われようとも、自らの運命、境遇を素直に受け止め、耐え忍びながらも明るく懸命に努力を重ねる。そういう人の人生は大きく拓《ひら》けていきます。

現状が苦しければ苦しいほど、人はとかく愚痴をこぼしたり不平不満をもらしてしまうもの。

しかし、それらはめぐりめぐって自分に戻ってきて、さらに悪い境遇を呼び起こしてしまうのです。

私自身、前に述べたとおり少年期から社会に出るまでは不運と挫折の連続で、苦難と逆境の中を歩みゆく人生でした。

そんな自らの境遇に不平不満ばかりを唱えていたときは何事もうまくいくことがありませんでした。しかし、運命を素直に受け入れ、肚《はら》を据えて仕事に没頭し出したとたん、人生の流れは逆風から追い風へと変わったのです。

あとから思えば、いっけん不幸の色に染まっているように思えた少年時代は、実は天が与えてくれたすばらしい人生への前奏曲でした。

もし挫折も苦労もまったく知らず、順風満帆な人生を歩んできたとしたら、自らの心を磨こうという努力をすることもなく、また他人の気持ちを汲《く》み取ったりいたわったりすることのできない人間になっていたことでしょう。

目の前に現れた状況がいかに過酷なものであっても、それに対して恨んだり、卑屈になったりせず、つねに前向きに対処していく――それこそが、すばらしい人生を生きる秘訣《ひけつ》なのです。

よいときも悪いときも感謝の思いで受け止める

そのときに大切なのは、いかなるときでも「感謝の心」をもって対するということです。

災難にあう、困難な状況に陥る、思うとおりの結果が出ない——そういうときに感謝しなさいといわれても、なかなかそうできるものではありません。よほど人間ができていないかぎり、「なぜ自分だけがこんな目にあうのか」と不満を口にし、愚痴をこぼし、恨みつらみでいっぱいになってしまうのです。

一方、よいことばかりが起きて、何もかもが思いどおりに運んでいるときであれば感謝できるかといえば、なかなかそうはいきません。よいことがあればあったで、それを「当たり前」だと思い、それさえ不服に思って「もっと、もっと」と求めてしまう。それが人間の性《さが》というものです。

つまり、悪いことがあっても、よいことがあっても、感謝するのは同様にむずかしいことなのです。

いまどれほど順風満帆であろうとも、それが未来永劫《えいごう》続くわけではない。それにおぼれて驕《おご》り高ぶることなく、つねに謙虚な気持ちで自らの行いを律するとともに、感謝の念を忘れてはなりません。

そして、災難、苦難、不幸といった状況に直面しているときこそ、実は感謝する「絶好の機会」なのです。なぜならば、そうした過酷な環境や厳しい出来事が私たちの心を鍛え、魂を磨いてくれるからです。

したがって、嘆いたり恨んだり愚痴をこぼしたりせず、それに対して「ありがとう」という。すべてを前向きにとらえて受け入れ、感謝して、明るい気持ちで前に歩んでいくことです。

そのためには、「いつ、いかなるときでも感謝するのだ」と理性でインプットしておくことが必要になってきます。つねに「ありがとう」といえる心の準備をしておくのです。

宗教的あるいは精神的な修行を続けてきた人であれば、何が起こっても感謝する心の姿勢が、自然に身についているかもしれません。しかし凡人である私たちは、おのれの心に感謝を強いるぐらいの気持ちでちょうどよいのです。

それは実にシンプルな人生の秘訣ですが、だれも教えてくれません。学校でも習わなければ、親が子どもに語ることも、まずないでしょう。なぜならば、頭ではわかっていたとしても、そういう生き方を貫ける人はまれだからです。

どれほど高度な知識をもっていても、あるいは卓越した才能に恵まれていても、たったこれだけのことを知らないために、人生を棒に振る人がどれほど多いことでしょうか。

立派な事業を成し遂げ、名声を得た人が、不祥事を起こしたり不正を働くなどして、それまで積み上げてきた人生を台無しにしてしまうという話を、私たちはしばしば耳にします。

そうした人たちは、人生でもっとも大切なこれらのことを、知ってはいても自らの血肉にして活《い》かすことができなかったのではないでしょうか。

喜んで感謝すれば、悪しき「業」も消えていく

いついかなるときでも、すべてのことに感謝の心で対応する――そのことには、実はとても大切な意味が秘められています。

何らかの災難に見舞われたとき、それまで自分を苦しめていた〝業《ごう》〟が消えるか、あるいはさらなる災難を呼び込むか。それは、そのときの心ひとつにかかっているからです。

心に思い描いたことが現実になる。仏教ではこのことを「思念が業をつくる」という言葉で表現しています。すなわち心で思ったことが、業すなわち「原因」となって、それが現実という「結果」をつくっていく。そうした「原因と結果」が織りなす法則が、この世には厳然と働いています。

業をつくるのは思念だけではありません。行動もまた業をつくり、それはかならずや現象として現れてきます。これまで知らずしらずのうちに口にしていた言葉、

あるいはふとしてしまった行動が「業」となって、あるとき災難になって降りかかってくるのです。

私たちは災難にあうと、あわてふためき、うろたえ、のたうちまわります。だから、できるかぎり災難にはあいたくないと思う。しかし、どれだけよきことを思い、よきことをなしたとしても、過去につくり出した業は、現象として現れるまでは消えません。

そして災難がやってきたときの心のありようによっては、さらなる災難を呼び込むことになりかねない。そうならないための方策が、災難を「喜んで」受け止めることです。

怪我をしたなら、「ああ、これぐらいの程度の怪我ですんでよかった。体が動かせないほどの惨事にならずにすんだ」と思う。病気であっても、「これぐらいの病気で、手術でよくなってよかった」と喜ぶことです。

災難が起こったということは、業が消えたということです。だからこそ、大きなことはもちろん、ごく小さなことであっても、それによって業がなくなったことを

「喜ぶ」べきなのです。たとえ心からそう思えなかったとしても、理性を使って喜ぼうとする思いをもつことが大切です。

喜ぶことができれば、おのずと感謝することができます。どんな災難でも喜び、感謝すれば、もうそれは消えてなくなるのです。

災難にあったときには喜ぶこと。その貴重な教えを与えてくださったのは、私が人生の師と仰ぎ、ことあるごとにさまざまな相談をさせていただいていた元臨済宗妙心寺派管長の西片擔雪《たんせつ》老師です。

以前、京セラが医療用の人工膝関節を認可を受けずに製造、供給したとしてマスコミで大きく報じられ、非難を浴びたことがありました。

これには、そもそも認可を受けて人工の股関節を製造販売していたところ、医療関係者からの強い要望があり、また急を要するということもあってやむなく膝関節も製造した経緯がありました。しかし、私はそれに対していっさい弁明をすることなく謝罪をくり返しました。

京セラの本社の前には、連日テレビカメラが列をなし、私が頭を下げて謝る姿が幾度となくテレビで放映されました。私は身も心もすっかり疲れきってしまい、老師のところに相談に上がったのです。

老師はいつものようにお茶を点《た》てて、私の話をじっと聞いてくださいました。そして、「それはよかったですね。災難が降りかかるときは、過去の業が消えるときなのです。それぐらいのことで業が消えるのですから、お祝いしなければなりませんな」といわれたのです。

てっきり慰めてくださるものとばかり思っていた私は、老師がそういわれたのを聞いて、なんと冷たいお言葉だろうと思ったものでした。

しかし、その言葉をかみ締めるうちにしだいに心が癒され、おおいに慰められるのを感じました。

生きていて災難にあわない人はいません。それは思いもかけないときに、思いもかけないかたちでやってきます。

そんなときに意気消沈し、絶望の淵《ふち》に追い込まれるのではなく、「これだけのことで過去の業が消えたのだ」と喜び、感謝する。そして、新たなる一歩を踏み出す。

それは人生という厳しい旅路を生き抜くための、〝秘中の秘〟ともいえる策なのです。

ことあるごとに私が口にしてきた「感謝の言葉」

私たち人間はそもそも、けっして一人では生きていけないものです。空気や水、食料がなければ一日たりとも生き延びることはできませんし、また家族や仕事の仲間、社会というものがなければ、人間としての営みも続けることはできません。

自分をとりまくあらゆるものに支えられ、助けられて生かされている――そのように考えたら、私たちはまず生きていることに感謝しなければなりません。

いままで不自由なく生きてこられたこと。日々健やかに仕事に邁進《まいしん》できること。それはけっして当たり前のことではありません。

「ありがとう」という言葉は、「あるのが難しい」、すなわちありえないことが起こっているという意味で、私たちが生きて経験することは、実はすべてが「あるのが難しい」ことの連続なのです。

そのことの意味を深く味わうことができたら、おのずと感謝の心がわき上がってくるでしょう。自分をとりまくあらゆるものに「ありがとう」という言葉をいえるようになれば、人生はより幸せですばらしいものになっていきます。

これまでの人生を歩むなかで、感謝するべき場面に遭遇したとき、私の口をついておのずと出てくるのは、「なんまん、なんまん、ありがとう」という言葉でした。「なんまん」は「南無阿弥陀仏」がなまったもの。その言葉は、はるか遠い幼児期、父に連れられて行った「隠れ念仏」の席で教えてもらったものです。

隠れ念仏とは江戸時代、薩摩《さつま》藩によって禁制に処されながらも、信仰を貫いた人たちによってひそかに守りつづけられてきた宗教的儀礼で、私の子どものころまでは、まだそれが風習として残っていたのです。

そのとき、父に手を引かれながら日没後の暗い山道を歩きつづけ、やっとたどり着いた山奥の粗末な小屋の中で、お坊さんが仏壇《ぶつだん》に向かって読経《どきょう》の低い声を上げていました。

　私たちもその席に加わり、読経を終えると、お坊さんは参席者の一人ひとりに仏壇を拝むよう促します。父にならって祈りを捧《ささ》げる私に、お坊さんは「今日は、遠い鹿児島市内からよく来てくれた」というねぎらいの声をかけてくれ、さらにこう言葉を継ぎました。

「坊やには、今日のお参りで仏様のお許しが出た。今後はもう来なくていい。ただ、これからは毎日、『なんまん、なんまん、ありがとう』という念仏をかならず唱えて、仏様に感謝の思いを伝えるようにしなさい」

　あれから八十年近くがたったいまでも、ことあるごとに――朝、顔を洗いながら、ふとわけもなくすばらしい幸福感に包まれたときや、おいしい食事をいただいたときなどに――「なんまん、なんまん、ありがとう」という言葉が耳によみがえり、祈りのつぶやきとなって口をついて出てきます。

　この言葉を心に埋め込んでいただいたことは、私の人生にとっての大きな財産になりました。いつも感謝する心の大切さ、それを口に出して唱える大切さを、あのときのお坊さんは幼い私に伝えてくれたのです。

さして特別な才能があるわけでもなく、若いころには挫折ばかりをくり返していた私が、経営の世界でそれなりの仕事をすることができたのは、この言葉を知っていて、つねに感謝の思いを口にしていたからかもしれません。

感謝すれば、厳しさもまた財産になる

感謝の心は、他者に対してへりくだる気持ちがないと出てこないものです。いまの自分があるのは、これまで支えてくれた多くの人たちのおかげである。会社が存続できるのは働いてくれる社員、従業員のおかげであり、また注文をいただけるお客様があってのことである――そうした謙虚な気持ちがあってこそ、感謝の思いがわき上がってくるものです。

京都の小さな町工場からスタートした京セラが、創業して初めて注文をいただいたのは、先にも話に出た松下幸之助さんが創業した松下電器産業（現・パナソニック）グループの一つの会社からでした。

私たちは、他のグループ会社も含めて親しみを込めて「松下さん」と呼び、おつきあいをさせていただきました。

まだ場末の小さな町工場で、名もほとんど知られていなかった京セラに注文をくださったことに対してはありがたいと思う反面、納期についても、品質についても、その注文は実に厳しいものがありました。とくに価格に関しては、毎年厳しい値下げの要求があり、それに応じるには並々ならぬ努力が必要だったのです。

当時、同様に松下さんから部品や部材の注文を受けていたいくつかの同業者のなかには「下請けいじめに等しい」と、いつも不平不満をこぼしている人もいました。

その気持ちもわからなくもありませんでしたが、まずは毎年変わらず注文をいただいていること、そして厳しい条件にこたえることで私たちも鍛えてもらっていることを思い、感謝の気持ちだけは忘れずにいようと心がけていました。

無理難題のような注文でも、松下さんのためならばと、いわれた価格をそのまま受け入れ、それでも採算のとれるように必死に知恵を絞り、努力を重ねたのです。

それからほどなくして、京セラはアメリカへと進出し、当時勃興しつつあったアメリカの半導体メーカーから注文をいただけるようになりましたが、そのときの京セラの製品は、現地の同業者に比べて品質もはるかによく、価格も格段に低いものでした。

絶えず厳しい要求にさらされ、それにこたえるべく必死に開発に励んだことが、業界のレベルを超えた製品を生み出し、十分な収益を確保することにもつながったのです。

そのことに気づいたとき、心の底から「よくぞ鍛えてくださいました」という松下さんへの感謝の気持ちがわき上がってきました。

当時、不平不満ばかりを並べていた同業他社のなかには、いまではもう存在していないところも少なくありません。

目の前にある境遇や状況をネガティブに受け止め、不平不満を並べたてているだけではなく、相手のおかげでいまの自分があることを謙虚に受け止め、感謝の思いをもちつづけることができるかどうか。それによって、その後の運命は大きく違ってくるものです。

謙虚さは
よい人生を歩むためのお守りになる

感謝の心を育《はぐく》む源泉となり、よりよく生きるための根っことなるもの――それは、謙虚な思いです。

私自身は忘れていましたが、数十年行動をともにしてきた幹部によると、若いころから私は「謙虚さとはお守りである」という意味のことをよくいっていたそうです。謙虚な心をもつことが、悪しき出来事を遠ざけ、よい人生を送るための護符の代わりとなる。そういった意味合いだったのでしょう。

他人に対してはもちろんのこと、自分に対しても、また自分をとりまく境遇に対しても、どんなときも謙虚な思いを忘れないこと。そしてつねに謙虚であるように自らを律することが大切なのです。

物事が少しばかりうまくいってまわりからちやほやされると、心がゆるみ、まるで糸の切れた凧《たこ》のようにどこまでも舞い上がってしまうのが、私たち人間の性というものです。

それが続くと知らずしらずのうちに傲慢になり、また他人にも横柄な態度をとってしまう。人生の道を踏み外す元凶となるのは、かならずしも失敗や挫折ではなく、成功や称賛なのです。

かつて京セラを創業し、経営が軌道に乗り、そこそこの利益を上げるようになったころ、私はふと、「これだけ収益が上がっているのに、私の年俸がこれしかないのはおかしいのではないか?」と思ったことがありました。

私の才能によってつくった会社で、利益も私の才覚によって出している。だからいまの数倍の年俸をもらってもバチは当たらない――そんな思いが頭をよぎったのです。

しかしすぐに傲慢になりつつある自分の心に気づき、激しく戒めたのを覚えています。それは次のようなことを考えたからです。

自分がもつ才能や能力は、けっして自分の所有物ではなく、それはたまたま自分に与えられたものにすぎない。私がやっている役割を他のだれかが演じても、何ら不思議ではないし、私の能力や才能も、私のものでなくてもいっこうにかまわない。

だからこそ、それを自分のためだけに使うのではなく、世のため人のために使うようにしよう――そう考えるようにしたのです。

なぜ、能力、才覚は自分だけのものではないのか？　人間にかぎらず、すべての生物を生物たらしめている属性――肉体や精神、意識や知覚など――をすべて取り去ってしまうと、そこには「存在としかいいようのないもの」しか残らない。

それを核としてあらゆる生命はでき上がっており、また、その「存在の核」はあらゆる生命に共通のもので、それがときには花のかたちをとったり、人間を演じたりする。

つまり「存在の核」以外のもの、私たちがふだん自分のものと信じて疑わない体や心、思考や感情、もしくはお金や地位や名誉、能力や才能までがすべて借り物であり、みんなどこからか与えられた付属品にすぎない。

こう考えてくると、「これは私のもの」「あの成功は自分の手柄」という考えには、何の根拠も実体もないことになる。そのことに気づいたらおのずと驕りも高ぶりも消えて、そこに自然と謙虚さが生じてきます。

私たちが自分のものと考えているものはみんな、現世における一時的な預かりものにすぎません。また、その真の所有者がだれであるのかを私たちは知る由もない。

そうであるからこそ、私たちはそれを自分のためでなく、世のため人のために使わなくてはならない。そうして、この世での生命の終わりがきたら、その預かりものをいさぎよく天に返さなくてはなりません。

そういう思いで生きるとき、心から驕りや高ぶりが消え、感謝の思いや謙虚さというもので満たされるようになるのです。

いとも簡単に難事を成し遂げる「美しい心」の力

つねに感謝を抱き、謙虚に自分を律する。そして、他者に対しては思いやりとやさしさを忘れない。そのような思いをもって生きることが、よき現実を引き寄せる呼び水となるのです。

イギリスの思想家であるジェームズ・アレンは、その著書『「原因」と「結果」の法則③』（坂本貢一訳／サンマーク出版刊）の中で、次のように述べています。

「清らかな人間ほど、（中略）目の前の目標も、人生の目的も、けがれた人間よりもはるかに容易に達成できる傾向にあります。けがれた人間が敗北を恐れて踏み込もうとしない場所にも、清らかな人間は平気で足を踏み入れ、いとも簡単に勝利を手にしてしまうことが少なくありません」

私たちのまわりにも、それほど頭が切れるわけでもなく、さして優秀とも思えないのに、純粋な心から行動を起こし、たゆまぬ努力を続けて、だれもが無理だといっていた仕事を難なくやり遂げてしまう――そんな人を見かけることがあるでしょう。

まっさらな清らかな心で描いた願望は、成功する確率が高まり、またその成功は長続きしやすい。すなわち、仕事でも経営でもラッキーな出来事に恵まれ、またそれが持続するのです。

一方、才に長《た》けた人物が知恵を絞って緻密に練り上げたプランであっても、うまく物事が進まないといったこともまた、よく見受けられます。いくらすばらしい計画であっても、その動機が邪《よこしま》な思いから発したものであったなら、一時的に成功を収めたとしても、長続きするものではありません。

では、心を浄化し、美しくするためのもっともよい方策とは何かといえば、それはいま目の前にあるなすべき仕事に全精力をかけて没入することです。

仕事に心身ともに没頭しているとき、人を恨んだり憎んだりする雑念は浮かんできません。まるで禅僧が禅を行じているように、そのときの心はまっさらで美しくなっているのです。

そのことは、禅僧の修行が座禅だけにとどまらず、日々食事をつくったり、掃除をしたり、あるいは農作業をして自分たちの食べるものもつくることまでを含むことからもわかります。ただ静かに座るばかりではなく、そうした日々の雑事そのものが、悟りをひらくための修行なのです。

お釈迦《しゃか》さまが悟りに近づくために行うべき修行法を説いた「六波羅蜜《ろくはらみつ》」の一つに「精進《しょうじん》」があります。何事にも懸命に取り組み、努力をしつづけること。そのことが心を磨く行になる、とお釈迦さまも説いているのです。

私たちは心を磨くために、わざわざ座禅をしたり、山にこもったり滝に打たれたりする必要はありません。いま行っている仕事に全精力をかけて没入する。いまこの瞬間にど真剣に物事に取り組む。それこそが、何にも代えがたい精神修養ともなるのです。

以前、宮大工の仕事を何十年とされている方が大学の哲学の先生とともに語っておられる内容を聞いて、このことを実感したことがあります。

その方は小学校を出てすぐに宮大工の仕事に入り、棟梁《とうりょう》になって人生をその道一筋に捧げてこられたのですが、そのお話は、専門の哲学者を前にしても遜色のないほどにすばらしく、示唆に富んだ内容でした。

何十年もの間、木と向かい合い、語り合いながら、それを活かしたすばらしい建物をつくることだけに力を注ぎ、心を集中させてきた。そのことが、そのまま人間性を高めることにつながっていたのです。

このように、目の前に与えられた仕事を懸命にこなすことが、何にもまして心の修養となる。日々の労働によって心はおのずと美しく磨かれ、人格は陶冶されていくのです。

仕事に没入すれば「宇宙の真理」にふれられる

仕事に没入することで得られるのは、それだけではありません。日々の仕事に全精力を傾けることによって、心が浄化される。そして、心が澄みきった状態のとき、人は「宇宙の真理」ともいうべき、物事の本質にふれることができるのではないかと思っています。

私が仕事をするうえで、また人生を歩むうえで指針とし、経営をするうえで判断を下す基準としているのが、「フィロソフィ」です。フィロソフィとは「哲学」という意味ですが、自分たちはどこをめざし、どう行動するかという「考え方」であり、行動規範でもあります。

京セラをはじめ、私が経営にかかわった会社では、すべての従業員がそれに基づいて判断を下し、行動を起こせるように、同じフィロソフィを共有し、日々心に刻みます。

このフィロソフィがどのように生み出されたかといえば、それもまた仕事に没入するなかで心が浄化されていったプロセスからでした。

京セラを興す前、私が京都の碍子《がいし》メーカーでセラミックの研究をしていたことはすでに述べました。経営は赤字続きで給料の遅配は当たり前というオンボロ会社でしたから、研究設備もまったく不十分でした。

しかし、とにかく与えられた条件下で新しいセラミックの研究開発に取り組むほかはない。ひたすら目の前にある研究に没頭することにしたのです。

そのように仕事に全神経を集中させていると、心から雑念が消え、無心に近くなることがありました。修行僧が座禅の最中に「無」の境地にいたるように、思考の夾雑物《きょうざつぶつ》が頭からきれいに拭われて、まっさらな心の状態になるのです。

そんな澄みきった心でいるとき、ふとどこからか〝知恵の言葉〟ともいうべき「考え方」が浮かんでくることがありました。

すばらしい成果を上げるにはどうしたらいいのか、どのような心がまえで日々の仕事にあたったらいいのか――そもそも私の心の中にあった、そんな悩みや問題意識に呼応するかたちで、答えとなる知恵がひらめくのです。

そうして生まれてきたさまざまな考えや思いを、私は研究実験ノートの端に書き留めるのが習慣になっていました。

研究者から経営者となっても、その習慣は止むことはなく、日々の仕事の中で紡ぎ出された言葉や思考をノートに書き留めていきました。

このようにして研究者時代から続くメモに記された多様な内容が、のちに「京セラフィロソフィ」といわれる、京セラの発展を支える企業哲学の原型となりました。

それ以来半世紀以上にわたって、フィロソフィは私にとって経営という荒海を航海するための海図となり、また人生という道を歩みゆくうえで、正しい方角を示してくれるコンパスともなってくれた。それもまた、元はといえば「美しい心」の産物だったのです。

第❷章

善なる動機をもつ。

なぜ「紙袋の行商」だけがうまくいったのか

先にも述べたとおり、少年時代から青年期を経て社会に出るまで、私の人生はやることなすことうまくいかない、挫折と失望の連続でした。二度にわたる中学受験の失敗に重ねて、結核に感染して病の床に伏す。さらに大学受験に失敗し、その後の就職もまた、思うようにはいかなかった。

しかし、そのなかでたった一つだけ、まるで空から一筋の光が差し込むように、驚くほどうまくいったことがありました。それは私が高校生のときに行った「紙袋の行商」でした。

私の実家は、戦前から印刷業を生業としてきましたが、終戦直前の空襲によって家も工場も全焼してしまいました。それまでは地道に働いていた父でしたが、家を失うとまるで抜け殻のようになってしまい、母が自分の着物などを売って、苦しい家計をなんとかやりくりして家族を養っていました。

それでも高校生だった私はのんきに構えていて、学校から帰れば友達と空き地に行っては、草野球に興じてばかりいた。そんな様子を見かねた母が、ある日私にこんなことをいったのです。

「いっしょに遊んでいる友達のように、うちは余裕があるわけではない。高校生にもなって、遊びほうけてばかりいて……」

母の悲しそうな表情を見てショックを受けた私は、「家計を助けて、家族を守ろう」と奮い立ち、父に紙袋の製造販売を提案しました。

以前、私の家では印刷所を営むかたわら紙袋の製造も行っていました。父が大判の紙を包丁のような大きな刃物で一気に裁断すると、雇われた近所のおばさんたちが次々に折りたたみ、のりづけする。

幼いころから眺めていたそんな光景を思い出し、父に紙袋づくりを再開してもらい、それを私が外へ売りに出ようと考えたのです。

平日は学校が終わってから、日曜日は朝から日がな一日、父がつくった大小十種類くらいの紙袋を大きな竹籠に入れ、自転車の荷台に積んで町を走りまわりました。

最初は町のお菓子屋さんなどを手当たりしだいに回っていたのですが、やがて自分なりに知恵を働かせて、鹿児島市内を七つの区域に分け、一週間単位で順繰りに回るようにしました。また問屋に置いてもらって売れたぶんだけ代金を回収するようにするなど、工夫を加えるようにもなった。

やがて他の菓子問屋からも注文が舞い込み、父も私もすっかり多忙になって、手伝いの人間を雇うほどでした。また私たちの紙袋が出まわったために、当時福岡から参入していた紙袋の業者が撤退したという話も伝わってきました。

まったくの素人であった高校生が取り組んだ商売としては大成功ともいえ、私の経営者としての原点ともいえる、貴重な体験となったのです。

この時期、他のあらゆることがうまくいかなかったにもかかわらず、なぜこの紙袋の行商だけが唯一成功したのか――後年になってから振り返り、その理由を考えたとき、私には思い当たることがありました。

他のことがほとんどすべて、自分の欲得や保身、あるいは人からよい評価を受けたいといった「自分のため」に行ったことであるのに対して、紙袋の行商だけは、家計を助けよう、家族を守ろうという「他者への思いやり」から始めたものだったのです。つまり、そこには「善なる動機」があったのです。

利他という土台の上にこそ、成功という家が建つ

動機が「善」なるものであれば、おのずと物事はうまくいく方向へと導かれ、動機が利己的なものであったり、邪《よこしま》な思いであったなら、どれだけがんばっても事がうまく運ぶことはありません。

ベンチャー企業の創業者のなかには、自らが財産を築きたい、名声を得たいという思いから事業をスタートさせる人も多いでしょう。

しかし、経営をするときの「エンジン」となるものが経営者の私利私欲、功名心や名誉心のみにとどまっていたら、一時はうまくいっても、永続的に会社を発展させつづけることはできません。

動機とは、いわば物事を進めるときの「土台」ともいうべきもので、揺るぎない

強固な土台があれば、そこには立派な建物を建てることができる。一方、貧弱な土台にはいくら豪奢《ごうしゃ》な家を建てようとしてもかなわないように、動機が不純なものであれば、何事もうまくいきません。

京セラを立ち上げた当初、会社の目的として掲げたのは、私がもっていた技術を世に問うというものでした。

私が開発したファインセラミックスの技術を広く世に知らしめること。そして、その技術を用いてよい製品を生み出すこと。それが会社のミッションであり、存在意義でした。

いわば京セラは、私個人の技術者としての夢を実現するという動機でつくられた会社だったのです。

しかし創業から三年目のある日のこと、そうした会社の存在意義をあらためて考えざるをえない出来事が起こりました。

突然、前年に採用したばかりの高卒社員が十名ばかり私の机の前に並び、「要求書」なるものを突きつけたのです。

そこには、昇給やボーナスの額など待遇の改善、将来にわたっての保障などの要求がしたためられています。「これらを認めてもらえなければ、全員会社を辞めます」と、彼らはいう。

できて間もない会社に、彼らの言い分をすべて受け入れる余裕などとうていありません。また、できもしないことを約束するのは不誠実でもある。

私は当時住んでいた三間ばかりの市営住宅に彼らを連れて帰り、必死の説得を続けました。三日三晩、膝を詰めて話し合った末、やっとのことで全員に納得してもらうことができましたが、その夜は眠ることができませんでした。

「会社経営とはこういうものか。なんと大変なことを始めてしまったものだ」――そんな思いに胸を締めつけられていたのです。

先にも述べたとおり、私が生まれ育った鹿児島の実家は、終戦間近に父が営んでいた印刷所もろとも空襲で焼けてしまい、戦後は母親が着物の売り食いなどをしながら七人の子どもを食べさせてくれました。

そんななか、私だけが無理をいって大学にまで進ませてもらった。そんな事情もあり、就職してからもずっと、私は実家への仕送りを欠かしたことがありませんでした。

肉親の面倒を見るだけでも大変なのに、血がつながっていない社員たちの生活まで将来にわたって保障し、面倒を見ていかなければならない。そう考えると、「こんなことなら、会社など興すのではなかった」という後悔の念すらわいてきたのです。

しかし、考え抜いた結果、私は一つの結論へとたどり着きました。会社とは自分の思いを実現するためのものではなく、何より社員の生活を守り、幸福な人生をもたらすために存在していなければならない。それこそが会社の使命であり、経営の意義なのだ――。

そう肚《はら》を決めると、胸のつかえがとれて、霧が晴れたように明るい気持ちになりました。そして心機一転、会社のミッションを「全従業員の物心両面の幸福を追求する」と定めたのです。

まず身近な人のために
できるかぎりのことをする

この一連の出来事を機に、私は創業当初から抱いていた個人的な思いをきっぱりと捨て、京セラはその存在意義を「利己」から「利他」へと変えたのです。いわばそれは、私が経営者として生まれ変わった瞬間でした。

もし私が、従来の——自らの技術を世に問うためにこの会社は存在しているという——理念を貫き通していたら、京セラが今日のように大きく発展することはなかったでしょう。

その後の京セラの急成長は、「全従業員の幸福のため」という、強固な利他の土台の上に築かれたものだったのです。

会社は何よりもまず、そこで働く従業員のためにある。そして経営の目的とは、全従業員の幸せを実現することにある。それは経営におけるもっとも根本的な利他の精神であり、そうした思いをもって経営をするとき、従業員もまたその思いに共鳴し、賛同し、惜しみない協力をしてくれるのです。

「利他の心」といっても、いきなり国家のため、社会のためといった壮大で高尚すぎる理念を掲げると、働く従業員からは縁遠い「他人ごと」になってしまいます。それでは、彼らが意欲を燃やし、懸命に努力を重ねようという気になってくれません。

そもそも、「利他」という言葉の意味は実にシンプルです。「他を利する」——すなわち「自分のため」は後まわしにして「他人のため」を優先する。隣人のために何ができるかを考え、自分がなしうるかぎりのやさしい行為をしてあげる。たったそれだけのことで、けっして大仰なことではないのです。

家族をもつ者であれば、まず家族を幸せにするために何かをする。仕事をしていれば、職場の仲間や取引先の人たちのために、できるかぎりのことをしていく。また、自分が住んでいる町や地域が潤うために貢献できることをやってみる。

どんなささやかなことであっても利他の行為であり、そこで芽生えた利他心がさらに大きく花開くことによって、人間にとってもっとも尊く、美しい行為へと広がっていくのです。

私が自分の人生の中で最初にした「利他の行為」とは何だったかといえば、まだ小学生のころ、ガキ大将として子分を何人も引き連れて遊びまわっていたときのことが思い出されます。

学校から帰るとランドセルを放り出して遊びまわる腕白な子どもたちのために、母はいつもおやつを用意してくれていました。さつまいもを鍋いっぱいにふかしておいてくれていたのです。当時は大変なごちそうでした。

おいしそうに湯気をたてているさつまいもを見ると、つい手を出したくなる。そんな気持ちをぐっと抑えて、まず仲間たちに配ってあげ、あまったものを自分のぶんにする。

いま思えば、それがガキ大将だった私の精いっぱいの「思いやり」でした。

他人を優先し、自分を後まわしにするという、素朴で単純な人としての営み。そんなささやかな行為が、私にとっての利他心の〝芽生え〟だったのです。

利他の思いから行動すれば、自らのもとに返ってくる

利他の心をもち、よき行いをすることは、おのずと運命を好転させることにつながる。宇宙にはそのような〝因果の法則〟が、厳然と存在しています。

このことはまた、次のようにいってもよいでしょう。

宇宙には〝利他の風〟が吹いている。大きな帆を掲げてその風をふんだんに受ければ、よき運命の流れに乗ることができ、人生がよりよい方向へと導かれる。

このとき、風を受ける帆となるものが「利他の心」なのです。やさしい思いやりの心をもって物事に取り組むとき、人は〝利他の風〟を存分に受けて、幸福と成功に向けて力強く航行することができます。

経営の世界で「利他の心が大切だ」などというと、厳しい経済社会の中にあって、「利他」や「思いやりの心」などで経営ができるものか――そんな批判や反発の声が、かならず聞こえてくるものです。

しかし、熾烈《しれつ》な闘いがくり広げられるビジネスの世界だからこそ、「相手を思う心」すなわち利他の心が大切です。

利他の思いからなしたことは、いずれよき出来事となって、わが身に返ってくるからです。

三十年以上も前の話になりますが、経営不振に陥っていたあるベンチャー企業を京セラが救ったことがありました。

それは当時流行していた車載用トランシーバーをつくって販売する会社で、アメリカで無線通信がブームになった折に、その波に乗って数年で急成長を遂げました。

しかしブームが去ると、何千人という社員を抱えて、たちまち窮地に追い込まれた。そこで、つてをたよって私のもとに救済要請が来たというわけです。

合併してからわかったのですが、この会社には過激な思想をもった労働組合がありました。

組合員たちはろくに働きもせず、労働運動ばかりに情熱を注いでいる。そして幾度となく理不尽な要求を突きつけてきました。それらはいずれも非常識きわまりない内容だったので、私はすべてはねつけていました。

自分たちの言い分が通らないことに腹を立てた彼らは、車を連ねて京都にやってきては街宣活動をするようになりました。

京セラや私のことをおとしめるような内容のビラが、会社や私の家のまわりのいたるところに貼られ、また私への誹謗《ひぼう》中傷をスピーカーから大音量で流しながら、京都の目抜き通りを街宣車が走りまわる。数年間そんな状況が続きました。

ですが私は、そんな彼らの行為に対して対抗措置をとることなく、合併した会社の事業の立て直しに心血を注ぎました。

彼らが会社を去るまでのおよそ七、八年ほどの間にこうむった迷惑や損失ははかりしれないものがありましたが、文句や恨み言はいっさいいわず、ただひたすら従業員のために、業績の回復に努めたのです。

その結果、赤字だったその事業もやがて立ち直り、従業員たちもやりがいをもって仕事に邁進《まいしん》してくれるようになった。立派に京セラの機器事業の一翼を担ってくれるようになったのです。

それから十数年を経て、京セラは経営が悪化した別の複写機メーカーを吸収合併して、京セラの子会社として再生の支援をすることになりましたが、その中心となって働いてくれた人物が、実は苦心をして立て直しを図った、そのベンチャー会社の元工場長だったのです。

初代社長となった彼が、就任のスピーチでこんなことを語ってくれました。

「かつて救われる立場だった私たちが、今度は救う立場に立っています。不思議なめぐり合わせを感じざるをえません」

この複写機メーカーは、それから大きく業績を伸ばし、グループの一員としておおいに貢献してくれるようになりました。

かつて会社を救ってあげたにもかかわらず、一部の過激な社員のために、かえって大変な苦労を強いられた。それにめげることなく、ただ社員のためを思い、よきことだけをなすよう懸命に努めてきた。めぐりめぐってそれが、よき結果となって戻ってきたのです。

悪しき心をもつ人にはかかわらないのが最善の策

私自身の経験でいえば、ビジネスにおいても、その他の人生万般に関しても、「相手が得をするように」という思いを基準に判断したことは、すべて成功してきたと明言できます。

しかし、その一方でこのように考える人も多いのではないでしょうか。

相手の利益を優先して考えるのはよいが、その相手がよからぬ考えをもっている場合はどうするのか。ひとたび社会に出れば、悪しき心をもつ人たちがたくさんいる。「利他の心」などを持ち出そうものなら、まんまとその餌食になってしまうだけである——。

そうした考えをもつ人は多いでしょうし、ある面において、それは正しいのかもしれません。しかし私はやはり、それすらも自らの心が引き寄せているのだといいたいのです。

私はこれまでたくさんの人の悩みを聞き、相談に乗ったりしてきましたが、「こんなひどい人がいて、ひどい目にあわされているんです」と泣きついてくる人の話をよく聞いてみると、その人自身も負けず劣らず、他人に対してひどいことをしていることがあります。

だから、私も「何をいっているのですか。あなた自身が同じようなひどいことをしているではありませんか。そういう悪いことをつね日ごろ考えている、その心が悪い人や出来事を引き寄せているのですよ」といいます。

心が引き寄せないものはやってこないという法則はここでも同じで、他人を欺いたりだましたりするような人が近づいてくるとしたら、自分の中に同様の心があるからなのです。

十分に魂が磨かれ、清らかで美しい心で生きているならば、まわりにいる人の心も同様に美しくなっていくはずです。

そうならないとしたら、まだまだ自分の心の〝修行〟が足りないせいだと思わなければなりません。

そうはいっても、悪しき心をもつ人が現れたらどうするか。もっともよい方法はかかわりをもたずに離れていくことです。つきあって疑問を抱くようなことがあれば、何か理由をつけて会わないようにしたり、害を及ぼそうとするのであればきっぱり関係を絶ち、いっさいつきあいをしないことです。

よくないのは、そうした行為に対してこちらもあれこれと対策を講じ、相手をおとしめようと権謀術数をめぐらせること。そのような行為をしたとたん、自分の心も相手と同様に汚され、同じレベルにまで落ちていってしまいます。

会社を経営していると、いかにもよさそうな儲《もう》け話を甘い言葉で持ち込んでくる人、善人ぶった顔をして人を利用したり、だまそうとしたりする人が後を絶ちません。こちらの心が欲にまみれていたら、あっというまにそういうワナにはまってしまいます。

ですから、耳触りのいい儲け話や都合のよい商談が持ち込まれるたびに、私は「悪魔のささやき」といって相手にせず、それによって自らの心を汚さないようにいさめたものです。

同様のことは、自分が真剣に取り組んでいることに関して、理由なく批判をしたり、足を引っ張ってきたりする人たちに対してもいえます。

日本航空の再建が予想を上回るペースで進み、大きな成果を上げはじめたとき、聞こえてきたのは称賛や祝福の声ばかりではありませんでした。なかにはいわれなき批判や誹謗中傷もあり、また事実と異なる内容の記事が報道されることもありました。

しかし、私はまわりの幹部や関係者に、こうした悪しき声にはいっさい耳を傾けるな、相手にするなと命じました。そうした相手に対して反論しようとしたり、打ち勝とうと思ったとたんに、こちらの心も汚れてしまうからです。

根拠もなく人をおとしめようとする人たちは、ほうっておけばそれ相応の報いを受けるもの。

そのような人が近づいてきても、同調したり、対抗したりしなければ、彼らはやがて静かに去っていくものです。

もてる能力は、「善用」してこそ活かされる

心のもっとも中心には、私たちの存在の本源ともいうべき「魂」が存在し、その魂の奥底にはかぎりなく美しく純粋な「真我」があるということは、先に述べたとおりです。

真我とは、他者を思いやり、尽くそうとする「利他の心」そのものといってもよいでしょう。しかし、私たちの魂の中にあるのは、真我ばかりではありません。自分さえよければいい、人を押しのけてでも自らが得をし、幸せになりたいという「利己の心」もまた、魂の中には存在しているのです。真我に対して、それは「自我」と呼んでもよいでしょう。

すなわち、私たち人間の心には真我と自我、「利他の心」と「利己の心」という相反する二つの心が同居し、せめぎ合っている。

おのれによかれと思う自我は本能的なもので、私たちが生きていくうえで必要な

欲望でもあります。それがなければ、そもそも人間は生きていくことができません。程度の差はあれ、私たちは本能的な欲望や利己心をもたざるをえないようにつくられているのです。

私たち凡人にできるのは、自我すなわち「利己の心」をできるかぎり小さくし、真我――「利他の心」が占める割合を大きくしていくことです。それこそが心を磨くことであり、人格を高めることでもあるのです。

それで思い出すのが、一九八四年のロサンゼルスオリンピック、柔道の金メダリストであり、日本の柔道界さらにはスポーツ界のリーダーとして活躍しつづける山下泰裕さんの話です。山下さんの子ども時代はひときわ体格が大きく、力もある活発な少年で、そのためよく悪さをして先生に叱られていたそうです。

あまり悪さばかりするので、ご両親が心配して、あり余る力をスポーツで発散させようと柔道を習わせた。柔道ではルール内であれば、いくら暴れても叱られることはありません。

それで山下少年は水を得た魚のように才能をめきめきと伸ばし、人間としてものびのび成長していったといいます。

このことを後年振り返って、山下さんは「日本柔道の創始者である嘉納治五郎先生が述べられた『精力善用』、それを私は両親から方向づけてもらったのかもしれない。その言葉を『能力善用』『熱意善用』などとも置き換えて、私はいまも自分にいい聞かせています」と述懐しておられます。

善用とはつまり「利他の心」に基づいてその能力を使うということです。すぐれた能力であればあるほど、それを「利己」の心、すなわち自分だけのために使うのか、あるいは「利他」に基づいて人のために使うのかによって、天と地ほどの差が出てくるのです。

すぐれた能力や精力は諸刃《もろは》の剣であり、それをよい方向へ使えば、その人を正しく大きく成長させるが、悪い方向へ使えば、誤った不正な道へと誘導してしまう。同じ力であっても、善用するか、悪用するかによって、その人の価値そのものが大きく変わってくるのです。

巨大になりすぎたものを滅ぼす、宇宙のもう一つの力

会社経営の場合、その動機が欲望に基づくものであったり、金銭的なものにとどまっている場合は、どんなに成長しても長続きしません。

なぜそうなるかといえば、それには宇宙のもつ二つの大きな力が作用していると考えられるからです。

すでに述べたとおり、宇宙の大原則は「成長発展」にあります。宇宙には一瞬たりとも停滞することなく、すべてのものを進化発展させてやまないエネルギーが満ち満ちている。

しかし、実は宇宙にはもう一つ大きな働きがあって、それは「調和を保つ」というものです。なぜなら、単にすべてが成長発展するばかりでは、巨大になりすぎるものが出てきて、全体のバランスがとれなくなってしまうからです。

あまりに拡大しすぎたものは、調和を保つという働きに沿って、崩壊の方向へと

導かれる。それもまた宇宙の厳然たる法則なのです。

たとえば、地球上で最初に繁茂した植物はシダ類ですが、あまりにも繁茂しすぎた結果、やがて衰退していくことになりました。恐竜もまた同じように、地球を覆いつくそうとしたところで、気候環境の変化によって絶滅していった。

世界の歴史をみても、栄華を極め、領土を拡大し、巨大になりすぎた国や民族が、その後衰退したり滅んでしまうといった例は、枚挙にいとまがありません。

急激に巨大になりすぎたものはその成長がピークに達すると、「調和をもたらす」という宇宙の流れによってかならず崩壊、衰退させられる。そして再び、ほどよい状態、本来あるべき姿へと軌道修正させられるわけです。

人も企業も、まずは「成長発展」の法則に従って、懸命に努力を重ねる者はおのずと発展していきます。だから一生懸命働くことは、間違いなく大きな成長につながります。

しかし、謙虚さを忘れ、自らの欲望のままに拡大ばかりをめざしていると、バランスを崩してしまう。極端に大きくなりすぎたものは、これも宇宙の法則によって崩壊させられます。

個人でも企業でも、驚くほど順調に発展を重ね、成功への階段を勢いよく駆け上ったにもかかわらず、あるときを境に、転落の道に転じることが往々にしてあるのは、実はそんな宇宙のメカニズムが働いているのです。

拡大と成長の末に訪れる破滅——それを回避するためには、成長を重ねるにしたがって、「調和」することが大切になってくるのです。

会社であれば、まず社員の幸福のために努力を重ね、それが実現できるようになったら、次はお客様や取引先、そしてまわりの地域へと貢献する対象を広げ、やがては社会全体を幸福に導くように尽くしていく。

そのために必要なのが「やさしい、思いやりの心」——すなわち利他の精神なのです。

それを根っことして謙虚さを忘れず、調和することを忘れずに成長を続けるならば、かならず宇宙が応援してくれ、成功と発展を続けることができるのです。

「足るを知る」生き方は自然界が教えてくれる

調和しながらともに成長していく生き方のよきモデルを、私たちは自然界の中に見いだすことができます。

弱肉強食は自然界の掟《おきて》だといわれていますが、たとえば百獣の王ライオンであっても、一度狩りをして腹が満たされれば、一週間ほどは獲物がすぐそばにいても襲うことはしない。欲のおもむくままにむさぼっていたら、いずれ自分たちの食料事情を自分であやうくしてしまうことを本能的に知っているからです。

京都大学の霊長類学者であられた伊谷純一郎先生からお聞きした話ですが、チンパンジーは草食動物だと思われていますが、ときには牛や羊などの大型哺乳動物を襲うこともあるそうです。動物性タンパク質は栄養も高く、美味ですから、そのごちそうを群れのみんなで喜んで食べるといいます。

それほど高価値の食料なら、しょっちゅう動物を襲ってもよさそうなものですが、彼らはそうはしません。その頻度は定かではないけれども、「たまに」しか捕らえようとしない。生きていくのに必要な栄養分だけを捕食し、それ以上はやはりむさぼろうとはしないのだそうです。

この話を聞いたとき、私は自然界にあって人間界にはない「節度」を感じました。生存のための必要最低限の努力はするが、欲望を過剰に拡大させるような振る舞いはけっしてしない。「足るを知る」本能が、彼らには備わっているのです。

また、伊谷先生は次のような話もしてくれました。

アフリカに調査に行くと、いわゆる焼畑農業によってタロイモなどの作物をつくっている現地の人たちの集落がある。森林を焼いて畑にする焼畑農業では、一つの場所で収穫を行うのは二、三年が限界で、それ以上連作すると土地の養分がやせほそってしまう。

すると彼らは、次の区画を焼き払って畑とし、そこに種をまいて作物を得る。そこで二、三年連作すると、また次の区画に移って——ということをくり返すそうなのです。

しかし、その焼く場所は無制限に拡大していくのではなく、たとえば十区画くらいをめぐると、再び最初の区画に戻ってくる。そのころになれば最初に焼いた場所にも十分に栄養が戻り、森林も育っているからです。

あるとき、伊谷先生たちが毎年のように立ち寄る集落を訪れたとき、いつもなら、もてなしのごちそうをふるまってくれる集落の人がすまなそうな顔で、「今年は食べるものがないのです」といったそうです。

理由を尋ねると、その年には各国の調査隊が訪れて、そのたびにごちそうしているうちに自分たちの食べるぶんまで足りなくなってしまったらしい。先生は気の毒がって持参してきた食料を少し分けてあげたそうですが、そのとき浮かんだ疑問を素直に口にしてみました。

「食べ物が足りないのなら、もっとたくさん焼畑をつくったらどうですか」

集落の長老はこう答えたといいます。

「それは神さまが許さない」

制限なく森を焼けば、自然の再生力を壊して、それが自分たちの首も絞めてしまうことを彼らは知っている。原始的な環境に置かれた人たちは「足るを知る」という節度を心得ているのです。

欲を減らし、思いやりを礎にした文明を築く

西郷隆盛が藩主の怒りを買って南海の小島に流刑され、その島で子どもらに学問を教えていたとき、一人の子が「一家が仲睦《むつ》まじく暮らすにはどうしたらいいか」と質問した。西郷はその問いに対してこう答えたといいます。

「みながそれぞれ、少しずつ欲を減らすことだ」

おいしいものがあれば、独り占めするのではなく、みなでいただく。楽しいことがあれば、みなでその楽しみを共有する。悲しいことがあったならば、みなで悲しんで慰め合い、支え合う。仲睦まじい家庭をつくるには、このひと言がわかっていないとできません。

同じく西郷は、「おのれを愛するは善からぬことの第一なり」という言葉で、自

己愛を強く戒めてもいます。人間の過ち、驕《おご》りや高ぶり、事の不成功、みんな自分を愛する心が生み出す弊害である。

自己愛、私心、利己といった、おのれへのこだわりこそが人間の欲望の正体であり、したがって、その欲望を減らしたぶんだけ心から自我が削られ、代わりに真我の領分が広がってくるのです。

これまでの経済は欲望と利己をテコに拡大してきましたが、環境汚染や所得格差など、ここにきて多くの弊害が噴出しています。これまでのやり方では解決できない多くの問題が積み上がってきているからです。人類が築いてきた文明はいま、一つの大きな曲がり角に立たされているといえる。

食糧問題ひとつとっても、この地球という星ひとつに、すべての人間が贅沢《ぜいたく》放題に食べられるだけの食糧を供給しつづけるキャパシティが、はたしてあるかどうかは疑問です。

エネルギー問題もしかりで、欲望とともに使用するエネルギーはふえつづけるばかりで、自滅するのがわかっていても、それを承知でむさぼりつづけるのが人間のもつ一面なのです。

ここにきて、私たちは「足るを知る」という考えをあらためて身につけなければいけない時期にさしかかっているのかもしれません。

これまでの科学技術をベースにした文明が、「もっと、もっと」という利己的な欲望を原動力として進歩発展したものであったとするならば、これからは他の人をより幸せにしたい、社会全体をよくしていきたい、という利他をベースにした文明へと移っていかなければならないのではないでしょうか。

天から与えられた富も才能も社会に還元する

利他の心に基づいて生きること。すなわち「他によかれかし」と願い、世のため人のために尽くすこと。それこそが、人としてもっとも崇高な行為である――そんな人生観に基づいて、自分がもっているものを少しでも世の中に還元しようと始めたことの一つが、稲盛財団の設立と京都賞の創設です。

京セラが株式上場を果たし、思いもかけない大きな資産を持つにしたがって、私は少なからず戸惑いを覚えるようになりました。そこで、財産とはけっして自分個人の持ち物ではなく、社会から一時的にお預かりしたものにすぎないと思うようにしたのです。

そんな折、技術開発に貢献した人に贈られる賞をいただく機会があったのですが、そのときにはたと気づきました。私は賞をもらう側ではなく、差し上げる立場にあるべきではないか――。

そんな思いが契機となり、はからずも自分が手にした財産を少しでも社会に還元できないかと創設したのが、「京都賞」でした。

利や財を得るのに正しい方法があるように、それを使うにも正しいやり方がある。人間としての道に沿う極上のお金の「散じ方」とはどういうものなのか。それは自分のためでなく、「世のため、人のため」に使うことであり、企業活動を通じて社会から得たお金を再び社会へ還元することだろう。

そう考えて、私は私費を投じて稲盛財団をつくり、その基金をもとに「京都賞」

の運営にあたることにしたのです。

賞の対象を先端科学、基礎科学、思想・芸術の三部門にしたのは、科学技術の進歩とともに、精神面の進化もまた大切だと思ったからです。それは、人類の文化、文明の表と裏、あるいは陰と陽のようなもので、この二つの面がバランスよく進歩を遂げてこそ、真の人類の進化があるのではないでしょうか。

創設から三十五年を経て、ありがたいことに京都賞は、ノーベル賞と並ぶ国際的な顕彰事業として広く認知されるまでになりました。

同じように、経営者として歩んできた私の経験を社会に還元するべく、若手の経営者たちに語り、伝えていく場として発足し、三十五年にわたって活動を続けたのが、「盛和塾」です。

そもそもの始まりは、私の講演を聞いた京都の若手経営者たちから、ぜひ経営について教えてほしいと懇願されたことでした。

当初は夜の空いた時間でお酒を飲みながらお話しするだけの会として始まりましたが、やがて大阪の経営者たちからも声がかかり「盛和塾」という名をつけて大阪、東京、神戸と活動の場を広げていくことになりました。

盛和塾は、おもに経営トップが身につけるべき哲学や具体的な経営のあり方などを伝授する場であるとともに、経営者たちが集い、侃々《かんかん》諤々《がくがく》の議論を交わす貴重な機会として、その活動の輪を広げてきました。

盛和塾の活動は私もずっと手弁当で行ってきましたが、それには私自身の経営者としての思いが込められていました。

二十七歳で京セラを立ち上げた当初、それまで一介の技術者にすぎなかった私は、経営というものをだれからも学ぶことはできませんでした。ずっと見よう見まねで試行錯誤をくり返しながら、経営のあり方を模索しつづけてきたのです。

いま、日本にある会社の九九パーセントを占めるといわれる中小企業の経営者たちにとっても、かつての私と同様、経営とはいかなるものか、その本質を教えてくれるところはどこにもありません。

むろん、大学に行けば経営論を学ぶことができるでしょうし、経営者のノウハウを教えてくれるところはあるかもしれません。しかし、経営に大切な〝心〟のあり方とはどういうものかを教えてくれる場はありません。

そんな経営者の人たちに、私がこれまで培ってきた体験や知恵をわずかなりとも役立てることができないか――そんな思いから始まったのが、盛和塾だったのです。

盛和塾は二〇一九年をもってその活動を閉じることとなりましたが、日本のみならず中国やブラジル、アメリカにまで大きな広がりをみせ、塾生は一万三千人を数えるほどになりました。

設立から三十五年あまり、私はすべてを語り尽くしました。今後は、私が善なる動機からお話ししたことを塾生の方々が心の奥底で受け止め、それぞれのステージで実践してくださることを願っています。

第❸章

強き心で成し遂げる。

その瞬間に「できる」と思えば実現できる

物事を成就させる人とそうでない人の違いは、わずかな差でしかありません。

これまで見たことのないような高い障壁が目の前にやってきたとき、それがたとえ仰ぎ見るような絶壁であったとしても、瞬時に「乗り越えられる」と自分にいい聞かせて、一歩を踏み出せるかどうか。「自分なら登っていけるはずだ！」と思えるかどうか。

そのとき「登れないのではないか」という躊躇《ちゅうちょ》や逡巡《しゅんじゅん》が少しでも入ってしまうと、足がすくんで登れなくなってしまう。あとから必死で「いや登れる」と思い込もうとしても後の祭りで、わずかその一歩の差が、運命を大きく変えてしまうのです。

まず「できる」と強く思って明るい未来がかならず訪れると信じる。そして、困難という壁にぶち当たろうと、めげず、あきらめず、立ち向かっていく。

そのような強い心をもって歩みを進めるとき、まったく見通しのつかなかった道筋がいつしか見えはじめ、成功への端緒がいくつも見つかり、はるかかなたに小さく見えていた成功はいつのまにか手の届くところに近づいているものです。

京セラの創業期、私は新規の顧客開拓のために部下を連れて、会社への飛び込みセールスに駆けずりまわったものです。

しかし、実績も信用もない、無名の小さな会社が訪ねたところで、十中八九は玄関払いです。それでもあきらめずに、何度も頭を下げて何とか会ってもらう。

会ってもらったのはいいが、「ウチは系列の会社からしか部品を仕入れていません。あなたのところみたいな名も知らない、小さな会社からは絶対に買うことはありません」などとけんもほろろに断られる。そんなことがくり返されるにつれ、同行した若い社員も意気消沈し、ときに悔しさのあまり涙を流すこともありました。

そんなとき、私は自分自身を奮い立たせる意味も込めて、こう部下を励ましたものです。

「一度や二度で尻尾を巻いてどうする。目の前に立ちはだかるのがどんなに高い壁のように見えても、まず『かならず越えられる』と思うことだ。壁に手でふれてみたら、それは石ではなく紙でできているかもしれない。紙なら、打ち破ればいい。石でできているなら、どうやってよじ登ってやろうかと考えればいい。それもしないで、『無理だ』といって手をこまねいているのは、ただの怠惰というものだ」

つまり、「ダメだと思ったときが仕事の始まり」である。困難な状況だからこそ、かならず打開する道はあると信じて、ひたすらに進んでいく。そのときに運命の扉が開くのだ——そう部下たちにいい聞かせるとともに、自分の心にも深く刻み込んだのです。

開発を成功させる秘訣は、「あきらめない」こと

小さな町工場としてスタートした京セラが国内外の注目を集め、飛躍的な発展を遂げるきっかけとなったのが、世界的なコンピュータメーカーであるＩＢＭからの、当時の大型汎用コンピュータの中枢に組み込まれる部品の受注でした。

当時の年間売り上げの四分の一にも相当する大量注文であり、ドイツの有名なセ

ラミックメーカーを抑えての受注とあって、喜びいさんでスキヤキパーティを開いて祝杯をあげたのはよかったのですが、それは足かけ三年に及ぶ、地を這《は》うような苦難の始まりでした。

仕様書に書かれた品質基準は、当時の技術水準に比べて桁違いに高く、寸法の精度もこれまで自分たちがかかわってきたものの十倍以上も厳しい。当時の京セラには、つくるための設備はもちろん、でき上がった部品の性能を測定するための機器すらありませんでした。

しかし、私の闘争心はめらめらと燃え上がった。京セラの名を国内外に知らしめるだけでなく、自社の技術力を世界レベルにまで高めることのできる絶好の機会だからです。「かならずや、やり遂げてみせる」と強い決意を新たにしたのです。

私は工場に泊まり込んで、社員たちと寝食をともにしながら、作業のあらゆるプロセスを指導、監督することにしました。

社員たちは連日連夜、疲労と格闘しながら仕事をしてくれる。ふらふらになりながら帰途に就く社員たちを、「遅くまでごくろうさん、ありがとう」と一人ひとりに声をかけて送り出したあとも、私の仕事は終わりません。

これまでの作業を振り返って改善すべき点や気づいたことがあれば、いても立ってもいられず、深夜まで仕事を続けてしまう。工場に併設された寮に帰るのはいつも夜明け前で、私はいつしか社員の間で「午前様」というあだ名をつけられていました。

それほどの苦労を重ねてようやく試作品を仕上げて納入しましたが、「不良品だ」と烙印《らくいん》を押されてすべて戻ってきてしまいました。色が悪いために合否判定すらできないとの返事で、また素材の見直しからやり直しです。

いったい、いつになったら完成するのか——まさに気が遠くなる思いで、ようやく合格の知らせをもらったと喜んだら、朝起きて夢だったと気づく。そんなことが何度もありました。

そのように試行錯誤を重ね、ときにはどうにもならない悔しさに涙をにじませながら、社員たちは努力を続けてくれた。

その苦労が実を結び、幾度となく夢に見た合格通知が届いたのは、受注から実に七か月後のことでした。それからは工場を二十四時間フル稼働させて、膨大な量の製品を期限までに納入することができました。

世界を代表するコンピューターメーカーに鍛えられ、通用する製品をつくりえたこのときの経験は、その後の京セラにとっても大きな自信となりました。

それからも京セラは研究開発によって新しい製品を次々に生み出していきましたが、「製品開発はどのぐらいの確率でうまくいくのか」と問われれば、迷うことなく「手がけた開発はかならず成功させます」と答えていました。事実、当時手がけたプロジェクトは、すべて成功させることができました。

その秘訣《ひけつ》は何かと問われたら、ただ一つ、「あきらめない」ことなのです。

ひとたび研究開発に着手したら、「かならずできる」と信じ、途中でいかなる難局を迎えようと、またどれほど大きな障害物が現れようと、けっしてあきらめることなく歩みを進めていく。そのことが、いかなる困難にも打ち勝つ力となり、大きな成功へと導いてくれるのです。

ネバーギブアップの思いが結晶した宝石の事業

物事の成就のためには強い心、とりわけ「岩をもうがつ強い意志」が必要だと述べましたが、この強い意志とは、嵐のように勇ましく、荒々しい心のありようをいうのではありません。

むしろ物事をうまく運ぶためには、心の内からわき出てくる、静かでおだやかな、それでいて強烈な思いが必要です。

予期せぬ障害に阻まれ、「もうダメだ」と倒れ込んだその場所から、土埃《つちぼこり》を払って再び立ち上がり、事の成就に向けて何度も静かにやり直すことができる——そんなけっしてあきらめない心、ネバーギブアップの精神のことです。

たとえてみれば、それは岩をうがつ水滴のような心ともいえます。一滴の水ではびくともしない大きく固い岩であっても、果てしなく続けることで、やがては穴をもあけることができる。それほどの強い意志で取り組みつづければ、どんな物事でもかならずや血路が拓《ひら》けるものです。

そのような〝岩をもうがつ〟あきらめない心によってなされた一つの例が、「再結晶宝石」の仕事です。

京セラは創業以来、ファインセラミックスの技術を軸に事業を展開してきましたが、さらなる成長のために事業の多角化を考えたときに選んだのが、「再結晶宝石」でした。これまでの技術開発の延長線上にあり、自分たちの強みを活《い》かせる分野だったからです。

なかでもエメラルドは、上質な原石が採れなくなってきたために、質の悪いものが高い値をつけて市場に出ているという。それならば、これまで自分たちが培ってきた技術を使って、美しい宝石で自分の身を飾りたいという女性の夢をかなえてあげようと意気込んだのです。

しかし実際に取り組んでみると、それはけっして一筋縄ではいかない、きわめて困難な仕事でした。夜を日に継いで研究開発に取り組んでみても、結晶がまったくといっていいほど成長せず、せいぜい顕微鏡をのぞいてわずかにわかるほどの超微細な結晶しかできないのです。

研究員はそれでもあきらめることなく、「もう少しやってみよう、一歩でも先に進もう」と努力を続けるのですが、やっとのことでできたといって持ってくるのは、米粒にも満たないほどの小さな結晶です。

その歩みは遅々として先が見えず、いつになったら商品になる結晶ができるのかと気が遠くなる思いもありましたが、「いまはちっぽけな結晶しかできないが、これが成功すれば世界でも類を見ないすばらしい仕事になる。人間の能力は無限だ。能力を〝未来進行形〟でとらえて、チャレンジしつづけよう」と、私は研究員たちを励ましつづけました。

その後しばらくは、小豆大の結晶しかできない段階が続いていましたが、地道に研究開発に取り組んだ結果、少しずつ結晶を大きく成長させることに成功していきました。

やがて澄んだグリーンの大きな六角柱の結晶ができるようになり、そこからきれいな結晶部分を取り出すことによって、色合い、輝き、すべての点で最高級といえる再結晶エメラルドができ上がったのです。開発を始めて七年目のことでした。

私は左手の薬指に、親指の先ほどもある大きなエメラルドの指輪をつけているのですが、このエメラルドこそ、初めて採れた記念すべき大きな美しい結晶です。それは、あきらめずに挑戦しつづけた従業員たちの〝思い〟の結晶でもあるのです。

文明の進歩を生み出したのも、すさまじい「思いの力」

いかに困難な目標であっても、携わる人たちの最大限の意欲と能力を引き出し、不可能を可能にするもの――それが、「思い」のもつ力です。

〝思い〟とは、心のキャンバスに描き出す考え、ビジョン、夢、希望などといいかえてもよいでしょう。心の働きそのものといってもよいし、それによって生み出された意図もしくは意志ともいえます。

人が営むあらゆる行動を生み出すものが思いであり、まず〝思う〟ことなしには、何事も現実に現れてくることはありません。

そして、心に描いた〝思い〟を現実のものにするには、「こうなったらいいな」と漠然と思うだけでは不十分です。「かならずやこうありたい」と、心の奥底からすさまじく思い、揺るぎのない意志をもって絶え間なく思いつづける。そうでなければ、とても実現することはできません。

そもそも、人間がいまのような高度な文明を築く礎《いしずえ》となったのも、心に描いた強烈な「思い」だったといえます。この地球で生を営みはじめたころの原始の人間は、野山や海や川で食料を採集する狩猟生活をしていました。

しかし、そうした生活は天候や自然環境の変化に左右され、きわめて不安定なものです。そのため、私たちの祖先は「安定して安心した生活を営みたい」という強い思いを抱き、森を切り開き、田畑を耕して作物をつくるという農耕生活へと生活形態を進化させていきました。

さらに、もっと収穫を増やしたい、もっと効率的に生産したいという思いを募らせ、創意工夫を重ねては精密な機械を生み、高度な技術を発達させてきました。便利で豊かな生活を営みたいという強い〝思い〟がいくつもの発明、発見につながり、高度な文明社会をつくり上げていったのです。

「もっと早く目的地にたどり着きたい」という切なる思いが蒸気機関車を生み、自動車を大地に走らせました。「空を飛びたい」という胸が焦がれるような思いが大空に飛行機を飛ばせ、やがて「宇宙を旅したい」という夢を抱いた人類は、ついに地球の外に飛び出すまでになりました。

このように、心に描いた思いを原動力にしながら、私たちの文明は長足の進歩を遂げてきたのです。

いま私たちは、この思いの大切さをどこかに置き忘れてきてしまったのではないでしょうか。頭で〝考える〟ことばかりが重視され、それらを生み出す根っこである〝心〟と、それがもたらす〝思い〟が軽視されてしまっているように思えてなりません。

強い思いをもち、それを持続させることによって、その時点ではとうてい無理だと思われていたことも、やがては現実のものにすることができるのです。

高い目標を掲げ、そこに到達したいと願うなら、何としてでも実現するという強烈なまでの思いを抱くこと。そして、思いには物事を成就させるすばらしい力があるのを知ることです。

高い目標を実現するためには思いを一つにすること

さらに、会社や集団、組織として高い目標を掲げ、全員でそれを実現しようと思えば、同じ思いを共有することが大切になってきます。考え方のベクトルを合わせる、心を一つにするといいかえてもよいでしょう。

会社がまだ小さかったころから、私はよく一日の業務が終わったあとなどに、その場にいた幹部社員に集まってもらい、自分の考えや哲学、これから取り組もうとしている事業について、熱弁を振るったものでした。

会社の使命、事業に対する思い、仕事の意義、働くことの価値、人生をいかに生きるか――など内容は多岐にわたり、その場にいる部下が全員「ほんとうにわかった」という納得の表情を顔に浮かべるまで、一時間でも二時間でも話を続けました。

そんなことに時間を割くよりも、そのぶん仕事を進めたほうがよいという考え方もあるでしょう。しかし私は、まず全員で考え方を合わせることのほうに重きを置いてきました。

そこには、京セラを創業したときに抱いた思いがあるからです。当時は、従業員が三十人にも満たない、また資金もなければ実績も信用もない、吹けば飛ぶような零細企業でした。技術者あがりの私には経営に関しての知識や経験もまったくない。私はいつも不安で、背負った重責に押しつぶされそうになりながら、経営における「たしかなもの」を真剣に探し求めていました。

そうして悩み抜いた結果、たどり着いた一つの結論は「人の心」をベースに経営をしていこうということでした。

人の心とはたしかにうつろいやすいものだが、固く結びついたときには、何にも代えがたい強さを発揮する。まずは従業員どうしが、お互いを信頼し、理解し合って、心を同じくして働いていく。

会社全体が一つの家族のように、またたれもがいっしょに経営していくパートナーとして、同じ考えをもち、熱意を共有しながら、ともに助け合いながら歩んでいく。そんな会社にしていこうと思ったのです。そのこと以外に、経営をしていく術など私はもっていませんでした。

しかし実際には、組織全体で考え方のベクトルを合わせようとしたとき、かならずといっていいほど、「それは思想の統制ではないか」という異論や反発が起こってくるものです。

もちろん、個人的な思想の自由を侵害するわけではありませんが、それぞれが勝手な考え方や独自の価値観で仕事をしていては、集団として何かを成し遂げることなどできません。

大きな目標をみなで成し遂げようと思えば、考え方をそろえて同じ思いを共有し、一丸となって取り組まなくてはならない。

そのためには、リーダーがあらゆる機会をとらえて、全身全霊、本気で自らの考えやめざすべき地平を部下たちに直接くり返し語りかける必要があります。そうして初めて、その内容は説得力をともなって、水のように彼らの心にしみ込んでいくのです。

私も自分の考えと哲学を理解してもらうため、なけなしの知恵や知識を振り絞って回りくどいほど丁寧な説得をしたこともあれば、社員とケンカ腰の激論を交わしたこともあります。策を弄したりごまかしたりすることなく、正面からあきらめずに幾度となく説得を試みたのです。

それでもどうしても理解してもらえなかった場合、安易な妥協案をもち出すことはせず、会社を辞めてもらう方法を選ぶこともしばしばありました。極端だと思うかもしれませんが、思いを合わせ、心を一つにすることは、それほどまでに大切なのです。

企業再生の第一歩は考え方を合わせること

日本航空（ＪＡＬ）の再生に携わったときもまた、私がしたことといえば、すべての従業員の「心」を変えて、同じ思いを共有してもらうことでした。

日本航空の経営破綻が発表され、私が会長に就任したとき、すでに企業再生支援機構によって、再建計画が示されていました。つまり、「何をどうすれば再生できるか」という青写真は、すでに用意されていたのです。

しかし、問題はそれを実行する人がいないということでした。

そもそも、経営破綻したということは、トップを含めて全従業員が、そうなるべき心をもち合わせていたということです。

まずはその心のありようを変えなければ、どんな方策を講じたところで、うまくいくわけがありません。

日本航空の再建の期限は三年と決まっていて、私自身もかならずや三年でやり遂げるという信念をもっていました。

したがって、きわめて短い期間のうちに、再生計画を現場で実行するリーダーを育成しなくてはならない。私は京セラから連れてきた役員とともに、経営幹部を集めて一か月で集中的にリーダー教育をするという計画を立てたのです。

当然のごとく内部からは、さまざまな反発がありました。リーダー教育の重要性について認識している人が少なかったこともありますが、経営破綻という会社の存亡の危機に、幹部全員が集まって週に何日も悠長に勉強会をすることに対して抵抗もありました。

それでも、その大切さを訴え、週に一度は私自身が講義をするということにして、なんとかリーダー教育をスタートさせることができました。

そこで伝えたかったのは、組織のマネジメントの方法でもテクニックでもない。私がまず行ったのは、これまでの経営者人生の中で大切にしてきた考え方、理念であり行動規範でもある「フィロソフィ」を説くことでした。

それらはたとえば、「一生懸命に仕事に打ち込む」「感謝の気持ちを忘れない」「つねに謙虚で素直な心をもつ」など、子どものころに親からいわれ、また学校で先生から教わったようなプリミティブな教訓や道徳をベースにした考え方です。

そんな話を聞かされた幹部社員たちは当初、戸惑いと困惑の表情を隠さず、「なぜこのような子どもじみたことを、いまさら学ばなければならないのか」と反発する者も少なからずいました。そういう人たちに対して、私はよく次のようにいったものです。

「みなさんが幼稚といい、当たり前という、とてもシンプルなこれらの考え方を、みなさんは知識としてもっているかもしれませんが、けっして身についてはいないし、実践できてもいません。それが会社を破綻に追い込んだ元凶なのです」

そんな話をしながら粘り強く伝えていった結果、一人、二人としだいに理解を示してくれる者がふえ、やがてだれもが真摯な態度で私の話を聞いてくれるようになりました。

このようにして始まった「リーダー教育」は、やがて幹部社員のみならず一般の社員へと規模を広げ、すべての社員を対象に開かれる「フィロソフィ勉強会」へと発展しました。そして、やがて社内で独自の「ＪＡＬフィロソフィ」がつくられるまでになりました。

フィロソフィが従業員の心に浸透するにしたがって、会社の業績も驚異的な伸びを見せるようになり、予想をはるかに上回る成果を上げることにつながったのです。

従業員の心が変われば、会社は劇的に変わる

従来の日本航空で経営の中枢を担っていたのは、いわゆるエリートの人たちでした。一流の大学は出たが、現場で汗をかいたことがほとんどない人たちが頭だけでプランを考え、〝上意下達〟によって会社を動かしてきたのです。

経営というものは、現場を知らずしてできるものではありません。そういう構造をまず変えるべく組織を大幅に改変し、現場で苦労してきた人が経営に携われるようにしました。

組織をそのように変えただけで、現場で働いている人たちはがぜんやる気を出し、いきいきと働いてくれるようになった。それぞれの持ち場で自分ができることを自らの意志で最大限行ってくれるようになったのです。自分が経営の一端を担っているのだという思いが、彼らの仕事に対する姿勢を劇的に変えていきました。

また私はしばしば現場を訪れては、そこで働く従業員に直接語りかける機会をも

ちました。日々の仕事への心がまえについてお話しするとともに、お客様に接するにあたって、「利他の心」をもって取り組んでほしいということをお願いしました。

とくに飛行機に搭乗してお客様と直接接する客室乗務員やパイロットの心のありようは、そのまま会社の行く末を担う大きな鍵を握っています。その対応がお客様の心に寄り添うものであれば、また乗ってみたいと思うでしょうし、いい加減なものであれば、お客様はどんどん離れていってしまうでしょう。それはダイレクトに会社の命運を左右します。

私は客室乗務員の人たちを前に、こんな話をしたものです。

「『あの飛行機にまた乗りたい』とお客様に思っていただく。そんな航空会社に生まれ変わるためにいちばん大切なのは、みなさんの『心』です。形ばかりのおもてなしではなく、そこには、お客様に対する感謝や親切、やさしさや思いやりがこもっていなくてはならない。それなくしては会社の再生はかないません」

機長や乗務員が行う機内アナウンスについても、決まった事柄だけをマニュアルどおりにしゃべるのではなく、思いやりの心をもって自分が心に抱いた内容を自分の言葉で話してもらいたい、感謝やおもてなしの気持ちが言葉に表れるような素直で懸命なアナウンスを心がけてもらいたいとお願いしました。

よき心によってなされる行為には、かならずやよき結果がもたらされる。そういう心をもって仕事に従事することは、それぞれの人生という畑に幸せの種をまいてくれるものだ、といったこともお話しした。

私の話がどれほど功を奏したのかはわかりませんが、従業員の心はみちがえるほどに変わっていきました。そのことが如実に表れたのが、二〇一一年に起こった東日本大震災のときでした。

水に浸かって陸の孤島と化してしまった空港では、職員が避難していた地元の人々に食料や毛布を提供しました。ある客室乗務員は、機内に長時間閉じ込められたお客様のために炊き立てのご飯でおにぎりをにぎって配ったといいます。

被災地に向かう日本赤十字社の救援スタッフに心あたたまる慰労のアナウンスを行った機長や、そのスタッフの方からお預かりした荷物の中に、ねぎらいと励ましのメモをそっと忍ばせた客室乗務員もいたそうです。

一人で関西のご家族のもとに向かうはずの高齢のご婦人が、乗るはずの飛行機が欠航して困っていたところ、非番だった職員が帯同し、交通機関をやりくりしながら、関西の空港まで送り届けたという話も聞きました。

いずれもマニュアルがあったわけでもなく、だれかの指示があったわけでもない。刻一刻と状況が変わっていく戦場のような現場で、それぞれのスタッフが「いま、お客様のために何をするべきか」を考え、行動してくれた。

日本航空の再生とは、単に再生計画がうまくいっただけではない。こうした従業員一人ひとりの思いが劇的に変わっていった、たしかな「心の改革」だったのです。

あきらめない意志の力が会社をよみがえらせる

このように、会社が発展するかどうか、あるいは生まれ変わるかどうか。その鍵を握っているのは、多分にそこにかかわる人たちの心のありようなのです。

とくに経営者にとって必要なのは、けっしてあきらめない強靱《きょうじん》な意志、どんな状況の中でも活路を見いだすネバーギブアップの精神です。それなくしてはよい経営ができるはずもありません。

そのことを強く意識したのは、経営の世界に身を投じ、京セラの株式を上場したときのことでした。多くの企業が、株主との約束として掲げた来期の業績発表を、経済変動を理由に容易に下方修正してしまうのを目の当たりにしてきました。

こういうことが常態化してしまえば、やがて従業員も目標をただの口上としか思わなくなり、やる気も士気も失われていくでしょう。

一方で、経済環境がどれほど厳しくても、予想もできなかった逆境に見舞われても、掲げた目標をみごとにクリアしていく経営者もいます。

この変化の激しい時代においては、外的環境がどんな状況であっても「何が何でも達成する」という燃えたぎるほどの強い意志をもたなければ、会社を発展成長させていくのはむずかしいでしょう。

考えてみれば、経済や経営のすべてが順風満帆であった時代などこれまでにありません。とくに敗戦は最大の困難で、百年は立ち直れないだろうといわれていた焼け跡の中から、日本経済は不死鳥のごとくよみがえりました。資本もなければ資源もない。人も技術も足りない。そうした大きなハンデを背負いながらも、その困難の中から、いくつもの中小企業が世界に冠たる大企業へと成長していきました。

まるで荒野でたくましく育つ雑草のような強靭さをもったそれらの企業が、戦後日本の奇跡的な復活を支える柱となったのです。

その原動力となったものこそ、静かだけれども燃え上がるような強い意志であり、けっしてあきらめないネバーギブアップの精神、または意欲、熱意、闘魂……。そういう「思い」であり、「心」であったと思います。

これからも幾多の困難を乗り越えなければならず、予想もしえない困難に直面することもあるでしょう。そうであるからこそ、私たちはかつて日本の復興を成し遂げた先輩たちに負けない強い意志や情熱をもって経営にあたらなくてはなりません。

どんな逆境にあっても、明るい未来を見据え、可能性を信じて、知恵をめぐらせて解決の道を探しつづけなければならない。

そのときに必要なのは、けっしてあきらめない心と、どんな困難や壁も突破していこうとする強靭な精神なのです。

未来を信じて進めば、「神のささやき」がある

燃えさかるほどの強い意志を抱き、そして明るい希望を心に抱きながら、絶え間ない一歩を確実に歩んでいく。すると、まったく八方ふさがりに見えた道でも、山を登っていて一気に視界が開けるように、それまで抱いていた悩みや疑問が一瞬のうちに氷解することがあります。

それを私は「神のささやき」と呼んでいますが、これは未来を信じて一歩一歩、着実に歩んでいる人だけが手にできる天からの〝ごほうび〟といってよいでしょう。

大学を出てすぐに勤めた会社で、私はのちにブラウン管テレビの絶縁部品に使用されたフォルステライトという材料の合成に成功したのですが、その量産にあたっての最大の難関は、このフォルステライトをどう成型するかというところにありま

した。

セラミック原料の粉末を成型するためには、うどん粉をこねるときのような「つなぎ」が必要です。しかし、不純物の混ざらない、良質なつなぎの材料がどうしても見つかりません。私は会社に鍋や釜まで持ち込んで、なかば泊まり込みで、くる日もくる日も試行錯誤をくり返していました。

そんなある日のこと、何かにつまずいて靴の底を見ると、そこにべったりとくっついているものがある。それは、実験に使用するパラフィンワックスで、だれかが通路に置きっぱなしにしていたのです。

「だれが置いたんだ！」と叫びそうになった瞬間、私は目が靴底にくぎづけになったまま、息をのみました。このパラフィンワックスを原料の粉末と混ぜて成型してみたらどうだろうとひらめいたのです。

成型した材料を高温で焼いてみると、つなぎに使ったパラフィンワックスは燃え尽きてしまうため、不純物のない製品をつくり上げることができたのです。

それはまさに、「神のささやき」でした。懸命に仕事に励み、一心に研究に従事している。そんな私の姿を哀れに思ってか、あるいは励ますためにか、神が力を貸してくださった――そう思いたくなるような奇跡的な出来事だったのです。

同様のことは、京セラを創業したのちにもありました。

アメリカのある半導体メーカーから二枚のセラミックの薄い板が重ね合わせられた、ＩＣパッケージの開発、製造を打診されたときのこと。

さっそくチームをつくり開発に取り組みましたが、それは予想をはるかに上回るきわめてむずかしい仕事でした。薄いテープ状のセラミックシートをつくるのも初めてなら、それを重ね合わせて焼き上げるのも初めてです。しかもそのシートの上には、電気信号を通すための複雑な電子回路をプリントしなければなりません。

試行錯誤を続けるなかで、あるひらめきがありました。それは、「チューインガム」のようなシートをつくってみたらどうだろう、というものでした。セラミックの粉末を固める従来の方法でうまくいかないのなら、ガムのような粘り気があってしなやかなセラミックシートをつくったらどうかと思いいたったのです。

また、そのシートに電気回路を刷り込むのに一役買ったのは、京都にあった西陣織の染め物屋さんでした。そこでは、シルクスクリーンという印刷技法を使っていた。そこで、耐熱性のある金属の粉末をペースト状にして、チューインガムのようなセラミックシートに印刷して貼り合わせ、高温で焼き上げたのです。

このようにしてでき上がった「セラミック多層パッケージ」を、当時シリコンバレーにあった半導体メーカーはこぞって採用してくれました。京セラはほぼ独占状態で供給しつづけることができ、それによって会社も飛躍的な成長を遂げることができたのです。

その開発もまた、それまで培ってきたチャレンジ精神と不屈の闘志と、天啓のようなひらめき、すなわち「神のささやき」によって成し遂げられたものでした。

「私たちが次にやりたいことは、私たちにはけっしてできないと人からいわれたものだ」——私はかつてそんなことを口にしたことがありますが、未来に希望を抱き、かならずやうまくいくと明るい心で思いつづけることが、不可能を可能にし、もてる能力を伸ばす大きな糧になっていくのです。

第4章

正しきを貫く。

父と母から受け継いだ、二つの異なる気質

自分の性格がどこからきているのかと考えるとき、父と母からそれぞれに受け継いだものがあるように思います。

父からは、少々臆病ながらも慎重に物事を吟味する性格、そして何事にも真摯に向き合う姿勢です。

私が生まれ育った鹿児島の実家が、戦前に印刷会社を営んでいたことはすでに述べました。そこでの父の仕事ぶりは誠実かつ勤勉なもので、納期はかならず守り、代金には何ひとつ文句をいわない。その人柄ゆえに多くの人から信頼され、愛されていました。

ところが本人は石橋を叩《たた》いても渡らずといった慎重すぎる性格で、父の仕事ぶりを見込んだある人が、返済はいつでもいいからと自動製袋機の導入を勧めてくれたときも何度も断りつづけ、断りきれなくなってやっと導入したほどでした。

お金を貸すことはあっても、借りるのは大嫌い。終戦のわずか二日前の空襲で、実家が工場もろとも灰燼《かいじん》に帰してしまってから、戦後、母が印刷所の再開を再三父に勧めましたが、父は借金するのをいやがり、首を縦に振りませんでした。

そんな父に似て、私も臆病なほどに慎重なところがあります。

たとえば大学時代の試験勉強。ぎりぎりに勉強しようと思っていると、友人からの急な誘いが来たり、体調を崩したりして試験範囲を勉強し尽くすことなく試験に臨むということがよくあります。私はそうならないように計画を立て、一週間前にはどこから出題されても満点がとれるように勉強を終えていました。

幼少期に結核にかかって以来、体調を崩しやすく、すぐに熱を出したりするといった事情もありましたが、早めに準備をして終わらせる習慣を学生時代につけたことは、のちに経営の現場でおおいに役立ったものです。

さて、そんな具合に慎重で臆病だった父に対して、母はいつも明るく闊達《かったつ》。何事もよい面を見て前向きにとらえる性格で、何かにつけ気弱になって立ちすくむ父を励まし、ときに背中を押して支えていました。

私たち家族にとっても、母はいつも明るく照らしてくれる太陽のような存在であり、またその社交的で親切な性格ゆえに、父が営んでいた印刷工場の工員さんたちからも慕われていました。

私がどんな逆境の中にあってもつねに明るく、楽天的でいられるのは、きっとその性格を母から受け継いだからなのでしょう。

また、母にはどこか〝商才〟、すなわち商売の才能がありました。

戦火で家を焼かれて以来、すっかり仕事をする気力を失ってしまった父の代わりに、母は終戦後、自分の着物を質に入れ、その着物がなくなれば闇市で手に入れた着物を米や野菜に換えて、私たち家族を養ってくれました。

戦前、印刷の仕事が繁盛していたころ、父が現金で財産を残そうとしていたのに対して、母は当時安く売りに出ていた土地や家を買おうと勧めたりもしていましたが、父は頑として聞き入れませんでした。

その結果、戦後のハイパーインフレと新円切り替えにより、現金の価値はあっというまに急落してしまったので、母の見る目は正しかったといえます。

そんな母の〝商才〟もまた、経営者となった私にいくばくかの影響を与えているのかもしれません。

「正しさ」を貫くことの大切さは両親から教わった

このように、まるで対照的な性格の父と母でしたが、共通してもち合わせていたのは、曲がったことを許さず、正しいことを貫く〝気骨〟のようなものでした。

子どものころ、私がケンカに負けて泣いて帰ってくると、母はいつも何が原因でケンカになったのかを問いただし、「自分が正しいと思うのなら、もう一度行って、勝つまでケンカをしてきなさい」といって、手元のほうきを持たせて家から追い出そうとしました。

また、父についてもこんな思い出があります。

小学生のころ、私はいわゆるガキ大将でしたが、あるとき、仲間たちとクラスの裕福な家の子どもをいじめたことがありました。それは、担任の先生のその子に対する態度が、私たち〝悪ガキ〟に比べて、あまりにも違いすぎたからです。

たとえば、私やその仲間が授業中に手をあげて質問をしても、まともに返事もしてもらえない。ところが、そのお坊ちゃんからの質問には、とても丁寧に答えてあげる。家庭訪問をしても、私たちの家では玄関先で立ち話をする程度なのに、その子の家には上がり込んでお茶を飲みながら談笑したりしていました。

そんな不公平なことが許されていいものかと私はいきりたち、学校の帰りにその裕福な家の子を待ち伏せしては、仲間で取り囲んでいじめて泣かせていたのです。

当然のことながら、やがて先生に呼び出され、激しく問いただされた。「あの子ばかりがえこひいきされるのはおかしい」と異議を唱えたものの、「議をいうな」といって（鹿児島では年上に反論すると、こういわれました）拳骨を食らいました。

学校から連絡を受けた母とともに家に戻り、夜、食卓に座ると、すでに事情を聞いているはずの父が「今日はどうしたんだ」と聞いてきました。

私が経緯を説明し、「先生がえこひいきしたのが悪い」といって謝らないでいると、「おまえは正しいと思ったことをしたんだな」とひと言つぶやいて、あとは何もいいませんでした。

私のささやかな「正義」を、父がだまって認めてくれたことがうれしく、またそんな父を頼もしくも感じたものです。

逆風にさらされても、正しい道をまっすぐに行く

正しいことは正しいといい、曲がったことを許さない。そんな物事の筋を通す気概、道理を重んじる気骨のようなものは、父母ともにどこか共通するものがあり、私も知らずしらずのうちに、そんな姿勢を両親から学んでいたのかもしれません。

振り返れば、私はどんな局面であっても、自分にとって損か得かといった基準ではなく、正しいかどうかで行動する——つまり「正道を貫く」ことで困難を突破してきたように思います。

どんなむずかしい局面に立たされても、自分に妥協や迎合を許さず、正しい道を正しいままに踏み進んでいく。いいかえれば、いつでも正面突破で解決を図ること

しかできなかったのです。

数ある方法のなかから正攻法を選ぶのではなく、それしかできないからそれを選ばざるをえない。だから苦労も人一倍です。

先にも述べたとおり、社会人生活をファインセラミックスの技術屋としてスタートさせた私は、やがて独自の新材料の開発に成功し、その材料を使った製品を生産する新設部門の主任に抜擢《ばってき》されました。まだ二十代なかばの若いリーダーで、部下には自分より年配の従業員も少なからずいました。

当時勤めていたのは、長く銀行の管理下に置かれている赤字会社でしたから、従業員の待遇も悪く、年中、労働争議が絶えませんでした。当然、従業員のモラルや士気も低く、残業代稼ぎのために不必要な残業にせっせと努めるという社員もたくさんいたのです。

そのように会社を食い物にしているようでは、業績を上げるどころか、ますます悪いサイクルに入っていってしまう。したがって、私は若いながらも、怠けている者がいれば強く叱ることも辞さなかったのです。

その肩肘張ったような姿勢を、ある先輩から「正論だが、厳しすぎる」と忠告されたことがありました。「ちょっと手を抜いただけでもこっぴどく叱られるので、彼らはキミを煙たがり、嫌ってもいる。もっとみんなの気持ちを汲《く》みながら仕事をするべきではないか」——彼のいうこともっともで、ずいぶん思い悩んだこともありました。

ですが、いくら考え抜いても、私の正義感が揺らぐことはありませんでした。「自分のいうことは部下の反感を買うかもしれないが、けっして間違ってはいない。やはり正しいことは正しいと主張するべきだ」——そう思いを強くして、どんな逆風に絶えずさらされても、私は自分が正しいと思ったことを口にし、行動するという姿勢を変えませんでした。

それはあたかも、切り立った絶壁をたった一人で垂直登攀《とうはん》していくようなものだと感じたことがありました。

立ちはだかる壁がいかに大きく強固なものであろうとも、迂回《うかい》はせずに自らが信じた道を渾身《こんしん》の力でまっすぐ登っていく。ロッククライミングよろしく、一歩一歩急峻《きゅうしゅん》な岩肌を登ってひたすら頂上をめざす。

仲間はそんな私の姿になかば反発し、なかばあきれながら、一人脱落し、一人は途中で下山し、気がついたら一人岩肌にしがみついていた——そんな思いがしたものです。

おそろしく孤独で、恐怖にかられることもしばしばありました。しかし私はそれでも、正面突破で解決を図ることしかできなかったように思います。

正しい生き方をすればこそ、人は困難にあう

そんな私でしたから、労働組合の人たちとはいつも対立していました。労働者の権利を守るためには、まずは自分たちが一生懸命働き、会社をよくしていくことが前提だと考えていた私は、ストライキばかりしている組合の幹部によく「それはおかしい」と文句をいっていたものです。

そんなことをくり返すうちに、一つの事件が起きました。自分たちの権利ばかり

を主張し、口にするのは不平不満ばかり。仕事はろくにしないし、いくら注意しても聞く耳をもたない。そんな人間が私の職場にも一人いたのですが、あるとき思い余った私は、その人に向かってこういったのです。

「これだけいってもわかってもらえないのなら、あなたはもうこの職場には不要です。どうか辞めていただきたい」

この発言が引き金となって、私は労働組合から吊《つ》るし上げを受けることになってしまいました。当人からの「あんな若造に自分をクビにする権限などない」という訴えに組合員たちが色めきたち、昼休み、私を会社の広場に連れ出して荷造り用の箱の上に立たせると、組合員による糾弾が始まったのです。

「この男は会社の回し者だ。われわれをこき使い、会社に媚《こ》びを売るようなことをしている。こんなやつがいるから、弱い立場の労働者は搾取され、難儀する。こんな人間こそ辞めさせるべきだ」

それに対して私が、会社の犬でもなければ労働組合の敵でもない。ただ人間として正しいことを貫こうとしているだけだと反論しても、なかなか聞き入れてはもら

えません。理不尽ないいがかりに、最後には私も堪忍袋の緒が切れて、

「わかりました。満足に働こうともしない、いい加減な人間よりも、会社のためによかれと思って一生懸命働いている人間のほうが辞めるにふさわしいというのなら、私は即刻辞めさせてもらいます」

と啖呵《たんか》を切っていました。会社の幹部が「まあ、まあ」と仲裁に入って、私はいったん会社に残ることを決めたのですが、事件はそれで終わりではありませんでした。

その夜、銭湯へ行った帰り、組合の数人が待ち伏せして、寮に帰ろうとする私を袋叩きにしようと襲いかかってきたのです。洗面道具を抱えて寮へ逃げ戻る私を追いかけて彼らも寮内へなだれ込み、もみ合いになった拍子に、私は玄関のガラス戸に額をぶつけて眉間を切ってしまいました。

傷口から血が滴っておそらくすごい形相になっていたのでしょう。しかし、それでもひるまない私の剣幕に気圧《けお》されたのか、彼らはそのまま引き揚げていきました。

翌日、彼らは「あれだけ痛めつけてやったから、稲盛はもう会社に出てこられな

いだろう」とタカをくっていたようですが、私が頭に包帯を巻いた姿で現れたので、一様にギョッと驚いた顔をした。いまでもそんな光景を鮮明に思い出します。

正しいことを貫こうとするとき、「それはいいことだ」と後押ししてくれる人よりも、「何を正義ぶって」と誹謗《ひぼう》中傷したり、足を引っ張ったりする人のほうがはるかに多いものです。それでも、正しいことは正しいままに貫く覚悟が必要です。

むしろ正しい生き方をしているからこそ、私たちは困難に出合うのです。西郷隆盛も次のように述べています。

「道を行ふ者は、固《もと》より困厄に逢ふものなれば、如何なる艱難《かんなん》の地に立つとも、事の成否身の死生抔《など》に、少しも関係せぬもの也」(『南洲翁遺訓』二十九)

「道を行う者はどうしても困難な苦しいことにあうものである。だから、どんなむずかしい局面にあっても、それが成功するか失敗するか、また自分が死ぬか生きるかなどには少しもこだわってはいけない」といっているのです。

西郷自身、事にあたって筋を通し、誠を尽くし、正道を貫いたために、若いときからさまざまな辛酸をなめてきましたが、その艱難辛苦をいわば糧として、何事にも動じない山のような不動心を培ったのです。

彼はまた、何度もくり返しつらいこと苦しいことにあってきたからこそ、心が動揺することがないのだと述べています。

本来たどるべき正道を懸命に歩んでいるからこそ、困難がもたらされる――それは、天が与えてくれた試練であり、心をさらに磨くためのチャンスといってもよい。それによって私たちの魂はますます清められ、人生はますます豊かなものになっていくのです。

不器用なほどに信じた道を歩んだ若き日の姿

その後、私は勤めていた碍子《がいし》の会社を辞めて、私を信じてついてきてくれた七人の仲間とともに新会社――京セラを設立することになりますが、その経緯を私は当時、父への手紙の中に詳しく書きつづっていました。

実は私も忘れていたのですが、両親が大切に保管してくれていて、亡くなった後に形見分けとしてもらったのです。

　その手紙には、勤めていた当時の会社の経営が徐々に厳しくなり、大量の整理解雇をする状況であること、私が率いている課を除いては利益を上げる部署がなく、会社を立て直す妙案もないこと、問題が山積しているのに何もしない社長や部長クラスに、私がハッパをかけたことなどが記されています。

　当時、私は入社して四年目で課長となり、率いている課は大きく発展していましたが、それをおもしろく思わない輩《やから》が、私の課で行ってきた研究を自分たちが受け継ぐといってきたのです。私はおおいに反発し、辞表を叩きつけました。

　読み返してみると、当時の切迫した様子を思い出します。

「彼等は自分達の今迄の仕事は全てだめにして今度は小生のもの迄取り、かつ試作だけにして命とも思ふ研究をさせないとは、何と云ふ事だと思い（中略）小生の今迄の研究を横取りして五〇〇万円研究助成金をまんまとる様な道義心のない連中に研究すべてを取られるのなら何をもって今日迄頑張って来たのか意味がありません」

そして、「断然反対をして、その意見が通らないので、ここ迄して来た仕事を部下を〝ジリ貧〟に追込むのを見るのはしのびないからと云って辞表を提出しました」とあります。

私が辞表を出すと、社長以下幹部の人たちから、「君が辞めると会社がつぶれてしまうから考え直してくれ」といって懇願され、給料を上げてやるから残ってくれともいわれました。その申し出に対して私は、給料を上げてもらって辞表を撤回したら信念がすたるといって断りました。

また、新会社（京セラ）設立の準備を進めていること、当時の会社で同じ課にいた、いまの妻との結婚を早めることなど、めまぐるしく私の人生が変化していたころのことが書かれており、最後はこんな言葉で締めくくってあります。

「和夫のする事です。かならずなしとげます。御心配なく安心しておって下さい。二〜三年先には立派になります。それ迄のしんぼうです」

不器用なほどまでに正しいことを貫くのが、若いころからの私の性分でした。そして正しいことを貫いている自負があるからこそ、かならずやうまくいくという揺るぎなき信念もまた、もつことができた。

私はそのように、自分が信じた道をひたすらに進んでいくことしかできなかったのです。

人間としての「正しさ」を経営の原点に置く

京セラを立ち上げてすぐ、私が経営判断の基準として据えたのが「人間として何が正しいか」ということでした。

「これからは『人間として何が正しいのか』、その一点に絞って会社を経営していこうと思う。あまりに幼稚で、プリミティブな基準だと思うかもしれない。しかし、物事の根本というのは単純にして明快なものだと思う。だから今後は、正しいことを正しいままに貫きたい」

当時、社員に対して、そんなふうに呼びかけたものです。

人間としての正しさとは、「正直であれ」「人をだますな」「思いやりを大切に」

といった、子どものころに両親や先生から教わったきわめて単純な道徳あるいは倫理です。経営について知識も経験もまったくない、未熟なだけの当時の私には、それより他に拠って立つべき基盤がなかったのです。

判断基準の根幹を人間の心に置いておくならば、少なくとも会社を間違った方向へ導くことはないだろう。そんな確信もありました。社員を前にして、やはり私はこんなことをいいました。

「心にとどめておいてもらいたいのは、この判断基準が『会社にとって』正しいかどうかではなく、『私にとって』正しいかどうかでもなく、『人間として』正しいかどうかだ。だから、経営者である私が人間として正しくないことをいったり行ったりした場合には、遠慮なく直言し、是正もしてほしい。しかし、私のいうこと、することが人間として正しいと思ったら、ぜひついてきてもらいたい」

そんなシンプルな判断基準を私はいまにいたるまで守り、その実践に努めてきました。それは母がかつて、折にふれて私たち兄弟に教え諭してくれた、次のような言葉が心に残っていたからかもしれません。

「いつ何時でも、神さまや仏さまはちゃんと行いを見ているものです。だから、一人でいるとき、だれも見てなくても、神さまや仏さまが見ていると思って、きちんと行動しなさい。何か悪いことをしようとする気の迷いがあったら、『見てござる、見てござる』と心で唱えなさい」

その言葉のままに、私は経営においても人間として正しいことを貫き、天に恥じない経営をするという思想を愚直なまでに貫いてきた。これまで判断を大きく誤ることはなく、着実に歩みを続けてこられたのは、そのおかげかもしれません。

損得ではなく、「人として」正しいかどうかで判断する

行動の規範となるのは損得ではなく、人間としての「正しさ」である——日本航空再生の命を受けて同社に着任してすぐ、私はそのことの大切さをあらためて思い知らされる事態に直面しました。

世界の航空会社のほとんどは「アライアンス」と呼ばれる業務上の提携関係を互

いに結び合っており、その連合組織は国際的に三つのグループに大別されています。日本航空は、そのなかでももっとも規模が小さい「ワンワールドアライアンス」というグループに加盟していましたが、経営を立て直すにあたって、より規模が大きく、そのぶんメリットも大きい別のアライアンスに移るべきではないかという声が、関係者の間で高まっていました。

当のアライアンスからも、ぜひこちらへ乗り換えてもらいたいといった旨のラブコールが寄せられ、好条件を提示して「われわれは日本航空を大歓迎します」などと秋波を送ってきたこともあって、一時は、「移籍すべし」の意見が社内で多数を占めるまでになっていたのです。

最初にこの話を聞いたときから、心にひっかかるものがありましたが、まずは次々に私のもとを訪れる双方のアライアンスの幹部の方々と面会して、それぞれのお話にじっくり耳を傾けました。そのうえで、私は関係者の方々に次のように伝えたのです。

「私は航空業界のことは門外漢なので、詳しいことはわかりません。しかし、いかなることであっても、大切なのは『人間として何が正しいか』を基準に判断を下すことです。アライアンスには、パートナーとなる航空会社があり、サービスを受けるお客様もいます。単に私たちにとって損か得かで考えるのではなく、そうした人たちの立場や気持ちも考慮に入れて、決断すべきなのではないでしょうか」

こうした考えを述べたうえで、どうか、もう一度よく考えてみてほしい。その結果、導かれた結論には私は従うし、責任もとりますとお願いしました。

それからの数日間、関係者はこの件に関して侃々《かんかん》諤々《がくがく》の議論を続けたそうです。そして、次のような意見が聞かれるようになった。

――たしかに目先の利害得失を考えれば、他のアライアンスに移籍するという選択のほうが賢明かもしれない。けれども、これまで入っていたワンワールドアライアンスは、それによって、まるで片方の翼を失ったような損失を受けてしまう。これまでずっといっしょにやってきた仲間を、何の落ち度もないのに簡単に袖にしてしまうことがはたして〝人間として〟正しい行為なのかどうか――

――また、これまで利用してくださったお客様は、従来のアライアンスで受けるべき特典をすべて失ってしまう。こんな大変な状況の中でうちの航空会社を利用してくれたお客様に損をさせてしまうのは、いかがなものか――はたして、数日が経過してあらためて議論したとき、「今後もワンワールドのままでいきましょう」という意見に落ち着いたのです。

私はけっして移籍反対の主張をしたわけではありません。損か得かという経済原理だけでなく、道義的にみてよいか悪いかという基準も加味して、もう一度考え直してほしいと促しただけです。

関係者たちが私のそうした意向を真摯に受け止め、議論を重ねて考え抜いた。そして結論を導き出したのです。

正しい判断は〝魂〟がもたらしてくれるもの

物事を損得ではなく「善悪」で判断する、よい心を意思決定のものさしにするということは、つね日ごろより厳しく心がけていなければ、なかなか実行できるものではありません。

経営を始めた若いころ、私はよく部下をつかまえては、次のようなことをいったものです。

「何か問題が起こる。その解決策を探る。そのとき、すぐに頭に浮かぶ考えというのはすべてといっていいくらいエゴや欲望や感情に基づくものだ。よほどの聖人君子でないかぎり、善悪による判断を直観的に下すことはできない。だから、最初の思いつきをそのまま結論にするのではなく、『ちょっと待てよ』と、いったんその判断を脇に置き、善悪のものさしにしっかり照らして、あらためて問題を考え直してみる。誤謬《ごびゅう》なき決定のためには、そのようなワンクッションが必要なのだ」

この言葉は部下に語りながら、自分自身にもいい聞かせていたものでした。実際、「こうしよう」ととっさに脳裏に浮かんだ判断の誤りにあとから気づくという経験は、私自身にもいくらでもありました。

そのように的確な判断を下すときに必要なのは、単に頭のよさや知識の豊富さだけではありません。何よりも大切なのは、心の中に判断のものさしとなる「善悪の規範」をもっているかどうかなのです。

では、その「善悪の規範」がどこからくるかといえば、それは心の奥深くにある「魂」からです。

先に述べたとおり、人の心の中心部には「魂」があり、そのもっとも深い、核心ともいうべきところには「真我」がある。真我とは「真・善・美」という言葉がふさわしい、もっとも純粋でもっとも美しい心です。

そのように、愛と調和に満ちた清らかな「真我」を人はだれでも心の奥底にもっているわけですが、世の中の荒波にもまれ、酸いも甘いも経験していくにつれ、そこにさまざまな知恵や知識を身につけていく。それらを仏教では「業《ごう》」と呼んでいます。真我が業をまとったものが、「魂」といえます。

仏教では輪廻《りんね》転生、すなわち生まれ変わりの存在をうたっていますが、人は何度も生まれ変わる過程で、さまざまな経験をして業を深めていきます。

「あの人の魂はよくない」などといったりしますが、それはその人がこの世でよくない〝業〟――すなわち行為や考え、知恵や知識などを積み上げてきたといえるわけです。

この世に生を受けたとき、私たちはすでに魂をもっており、その外側には「本能」というものがとりまいています。

生まれたばかりの赤ん坊はだれに教えてもらったわけでもないのに、臍《へそ》の緒を切られた瞬間から、口を開けて肺呼吸を始める。そしてお母さんの乳を吸って栄養を取り込むようになる。それらはすべて、本能のなせる業《わざ》なのです。

やがて、本能の外側をとりまくように「感性」が育ってくる。成長するにしたがって目が開いて外界を見るようになり、音を聞くようになり、いやなことがあれば泣いて親に訴えるようになるなど、感性が形成されてきたことを物語っています。

そして、感性のさらに外側に「知性」をまとって生きるようになる。二歳ぐらいまでに感覚や感情が十分に発育すると、そこに知性が芽生えてきます。

このように、心というものは、もっとも中心にある「真我」を含む魂が存在し、さらにその外側に本能、感性、知性が、それぞれまるで玉ねぎの皮のように層をなしていると考えられるのです。

魂の真ん中にある真我から判断する

では、物事を判断するときに、この「心の構造」がどのようにかかわっているのでしょうか。

「本能」に基づく判断は、損得が基準になります。したがって、たとえば儲《もう》かるか否か、自分にとって都合がよいかどうかをもとに判断を下すことになる。

一方、「感性」による判断は、「このやり方は気に食わない」「この人は好きだ」といった判断になってしまい、ときにそれでうまくいくことはあっても、かならずしも正しい結果につながるとはかぎりません。

それでは、「知性」による判断はどうか。

理路整然と筋道を立て、論理を積み重ねる。いっけんよいように思えますが、知性は物事を決める力は兼ね備えていません。

いくら論理的であっても、そのじつ本能や感性で判断していることが往々にしてあります。

つまり、本能、感性、知性では、かならずしも正しい判断ができるとはいえない。人生の重要な局面や、会社の行く末を左右する大切な判断であればあるほど、それは「真我」に基づいた「魂」から発したものでなければならないのです。

魂から判断するということは、つまるところ、先にも述べた「人間として正しいこと」を基準にするということ。

「損得」ではなく、プリミティブな道徳や教訓に照らして、シンプルな「善悪」を判断のものさしにすることです。

それはまた、天の道理にもかなった判断といってもよいでしょう。

そうした規範をしっかり心の中に据えている人であれば、これまで経験のない局面にあっても、また早急に判断を求められる事態に見舞われても、いかなるときも正しい判断を下し、成功へと導くことができるのです。

真我にいたれば、一瞬ですべての真理がわかる

心のもっとも中心にある「真我」から世界を見て物事を判断できたら、その判断はけっして間違うことはありません。なぜなら先に述べたとおり、真我とはすなわち、この宇宙を宇宙たらしめている存在そのものだからです。

心をひたすらに磨いていって、真我そのものの意識になることができたら、この世のあらゆることが瞬時に理解できるはずです。

いわゆる悟りにいたった人は、この真我にまで到達しています。その境地までいけば、この世のすべての真理が手にとるようにわかり、また自分が思うような現実をつくり出すことができるのです。

お釈迦《しやか》さまは悟りをひらいたとき、森羅万象の真理を一瞬で理解し、宇宙と自分とが一体になったとされています。その一方で、その境地は言葉にすることも文字に残すこともできない。ただそれは体験するしかない、とも弟子たちに語っている。

凡人である私たちがそのように簡単に悟りに到達できるかといえば、当然のことながら、そううまくはいきません。

私も心の師でもあった西片擔雪《たんせつ》老師のもと、得度をして修行のまねごとをさせてもらいましたが、少々座禅を組んでみたところで、悟りをひらくことなど望むべくもありません。

私が帰依した臨済宗には中興の祖といわれる白隠禅師という人がいますが、この白隠さんでさえ「大悟」といって大きな悟りをひらいたのは、一生のうちでたった八回だったと述懐しています。

禅の修行一筋で生涯を送った人ですら、わずか八回しか悟れないのですから、私たちが懸命に修行に励んだところで、悟りにいたることなど容易にできるわけがありません。

私たちにできるのは、日ごろより少しでも魂を磨き、自らの心を美しくするよう努めていくことしかありません。悟りにはとうていいたることはできないが、悟りに近づくように日々努力を重ねていく。それこそが私たちに与えられた人生を生きる目的なのです。

ふだんの生活の中で、毎日の仕事の中で、つねに自らの心を高め、魂を研磨しつづける。そのような生き方をしていれば、たとえ悟りにまでいたることはなくても、わずかなりとも、真我に近づいていくことができます。

そういう生き方をしている人は「宇宙の流れ」と合致している人であり、真我に近づくにしたがって、現実はよい方向へと転じていく。幸運に恵まれたすばらしい人生を送れるようになるのです。

第5章

美しき心根を育てる。

生まれたばかりの魂も美しいとはかぎらない

ある日の朝、食事の席につこうとすると、「うちの雨戸の裏で小鳥のヒナがかえりましたよ」と妻がいいます。聞けば、数日前から親鳥が鳴き声をあげながら戸袋に出たり入ったりしているという。

京都にある私の家の裏は森になっていて、カラスやらスズメやらさまざまな鳥がやってきます。そのなかでおそらくムクドリでしょうか、小さな鳥が雨戸に巣をつくり、子どもを育てているのです。

妻によると、カラスが巣に近づこうとすると、親鳥がどこからともなくやってきて、大きな鳴き声を出して威嚇《いかく》する。また、妻が雨戸に近づいただけでも、鳴くのをやめて様子をうかがっているのだといいます。

本能とはいえ、生まれたばかりの子どもを守ろうとするその姿に、小さな生命に息づいているすばらしい世界を感じました。

妻とそんな話をするうちに、思い出したことがありました。たしか私が小学校の高学年だったころだと思います。校舎の屋根裏に鳩が巣をつくり、まだ羽根も生えきっていない小さなヒナが二羽ほど鳴いていました。悪ガキだった私たちは屋根裏にしのび込み、ヒナをつかまえて珍しいものがとれたとクラスの友達にみせびらかしました。

その後、そのヒナたちがどうなったか記憶にありませんが、友達といじくりまわしておそらく死んでしまったのだろうと思います。いま思えば、ずいぶんひどいことをしたと思います。

子どもというのは純粋なきれいな心をもっていると思いがちですが、どうもそうではないのではないか。どうにも残忍で暴力的なところをもっているのではないだろうか——そんな話を妻にすると、妻もまた「そうよ」と頷《うなず》く。

幼稚園に通っている孫やその友達の子どもたちを見ていても、彼らはけっして純真で素直な心をもっているだけではない。いたずらや悪さをしては、それは自分がやったのではないと言い訳をしたりする。子どもはほんとうにワルですよ——と妻はいうのです。

人はどうもだれもが純粋で美しい魂で生まれてくるわけではないようです。生まれたばかりでも、魂はすでに曇ったり濁ったりしているものであるらしい。だからこそ私たちは人生を通して、魂を磨く努力を怠ってはならないのです。

リーダーにふさわしいかは「心根」で決まる

経営の現場で働いていたとき、私が次のリーダーとしてふさわしいかどうか判断する基準としたのは、どんな〝心根〟をもっているかということでした。だから私が推したのは、頭脳明晰《めいせき》な人物でもなければ、知識が豊富な秀才でもない。すばらしい人間性を備えていると判断した人でした。

いかに才覚にすぐれていようと、「おのれのために」という姿勢が見える野心家の人間は敬遠し、多少鈍なるものをもっていても、謙虚で勤勉な人となりのよい人物を推してきました。

それは多分に生まれ備わった素質によるところが大きいでしょう。どのような心根をもっているかが、まずはその人を判断する材料になるのです。

しかしその一方で、先にも述べたとおり、もともとすばらしい人格を備えていたにもかかわらず大きな成功を収めると傲慢になってしまい、せっかく磨かれた人格を維持できずに没落してしまう。そんなケースも枚挙にいとまがありません。

つまり、けっして人格は不変なものではなく、変化していくのだということも、頭の隅にとどめておかなければなりません。

事実、すばらしい人間性を兼ね備え、大きな業績を残した経営者であった人が、まわりからちやほやされる、大きな成果が上げられたのは自分の実力のおかげだと思い込む。そうすると知らずしらずのうちに驕《おご》りが出てしまい、不祥事を起こしたり、よい経営を続けることができずに、晩節を汚してしまうというのも、よく聞く話です。

したがって、その人の将来性は、その人が兼ね備えている性格だけをみては判断しきれません。まして次のリーダーとして仕事を任せていこうとする人物であるならなおさら、いま現在の性格だけで判断を下すべきではないのです。

どのような人がリーダーにふさわしいのかといえば、つねに勤勉さをもって仕事に身を捧《ささ》げ、自らの心を高めつづけている人でしょう。そのような人であれば、権力を握ったとしても傲慢になったり堕落したりはしないはずです。それはつまり、人生を生きるにあたってすばらしい哲学をもっているということです。

私は人格とは「性格＋哲学」という方程式で表されるものだと考えています。哲学とはかみくだいていえば、「考え方」のこと。生まれついた素質としての性格に加えて、どのような考え方をもって人生を歩いているかを加味しなければ、人を見抜くことはできないのです。

組織のあり方を決めるのはリーダーの心

「カニは自分の甲羅に合わせて穴を掘る」といいますが、組織はそのリーダーの「器」以上のものにはならないものです。なぜなら、その生き方、考え方、また心に抱いている思いがそのまま、組織や集団のあり方を決めていくからです。

したがって、リーダーにもっとも大切な資質は何かと問われれば、私は迷いなく、それは〝心〟であると答える。あるいは人格、人間性といいかえてもよいかもしれません。

「心を高める、経営を伸ばす」ということを、私はずっと経営者の方々に向けていいつづけてきましたが、リーダーという立場にいる者はすべからく自らの心を磨き、人格を高める努力を続けていかなくてはならない。

大なり小なり集団を率い、人の上に立つ役割にある者であれば、何よりもまず美しく高邁《こうまい》な心をもつよう精進《しょうじん》しなければならないのです。

リーダーの素質といえば、一般的には才能の豊かさ、知識の豊富さ、また経験や技量の有無などをあげることが多いでしょう。すなわち頭脳明晰で専門知識も豊富、弁も立つ。そうした素質をもつ人がリーダーとしてふさわしいというのが、世間一般の見方だろうと思います。

しかし、私は多弁な才覚や鋭敏な機知よりも、まるで岩のようにどっしりとして揺るがない、重厚な人格のほうを尊重する。そうした重厚さこそが、リーダーにもっとも必要な資質だと考えています。

アメリカのワシントンで開催されたシンポジウムに出席したとき、ある人のスピーチにひじょうに感銘を受けたことがあります。

アメリカの大統領には、きわめて強大な権限が与えられている。たとえば、議会が決めたことを拒否できる権限。民主主義において議会の決定事項は最優先されるべきものであるのに、一人大統領だけが、それを拒否できる。

それほど大きな権限がなぜ大統領に付与されているかといえば、それは「初代大統領であるジョージ・ワシントンがすばらしい人格者であったから」だというのです。

徳行備わった君子であったワシントンなればこそ、強大な権力を与えても、それを濫用することはなく、国を誤ることもないだろう。そう考えての処置だったそうです。

事実、アメリカは意図したとおりの国になりました。もし、任命された大統領がワシントンほどの人格者でなかったら（あるいはワシントン自身がそれほどの人格者でなかったら）、アメリカの独立はあれほどうまくいかなかったでしょう。

　これはリーダーに必要な資質を考えるうえで、きわめて示唆に富んだ話だといえるでしょう。

　野球やサッカーなどのスポーツでもそれは同じで、人間性に多少難はあっても、すぐれた能力をもった選手をたくさん使わなくてはチームは成り立ちません。

　しかし、技量がぬきんでているからといって人格のともなわない人をキャプテンに就けたら、そのチームはやはり統一性や一体感を欠いて、けっして強固な集団にはなりえないでしょう。

　朱に交われば赤くなるといいますが、インクを水に垂らすように、リーダーがもつ心は、たちまちその集団を彼の色に染め上げてしまう。そういう意味で、ものの考え方、哲学や信条、生きる姿勢はリーダー一人のものではなく、集団全体の性質を決めていくのです。

人格を高めなければ、人の心は動かせない

京セラを立ち上げ、経営の道を歩みはじめた若いころの私は、お世辞にも経営のトップにふさわしい人格を備えているとはいえず、そのことについては当時ずいぶんと悩んだものです。

経営をしていくためには、「私はこの会社をこういうふうに経営していきたい」「将来はこんな会社にしたいのだ」と自らの考えやビジョンを社員、従業員につねに伝え、理解してもらう努力を払わなければいけません。

しかし、どんな立派なことをいっても、それを説く人間が立派でなければ、その内容は聞く人の心には入っていきません。何をいうかよりも、だれがいうかのほうが大切で、立派だと思われていない者が立派なことを説いたところでまったく説得力はありません。

京セラでは当時、地元の京都出身の人をたくさん採用してきましたが、歴史・文

化的に成熟した土地柄だけに、京都の人というのは総じて表面はおだやかであっても、そのじつ内面はシニカルで理屈っぽいところがあります。

人の熱意に対しても、照れくささを感じるのか、斜にかまえて正面から受け止めないことがある。それで、こっちが「家族主義で親子、兄弟みたいな関係で行こうや」と促しても、「それは人を働かせるための便法でしょう?」となるのです。

私は自分のビジョンや仕事をするうえでの考え方をわかってもらうために、コンパと称する酒席をたびたび設けましたが、その席上で酒を勧めても、「酒はいただきますが、だから胸襟を開けといわれても……」などと、これも冷めた反応が返ってくる。

こちらの熱が部下にまっすぐ伝わらないこと、彼らの心をしっかり掌握できないことに私は悩み、また、じれったい思いをしたものです。

けっきょくのところ、私自身が尊敬を集めるにふさわしい人間に成長しなければ、「ともにがんばろう」といったところで、その熱意はいっこうに伝わることはない――そう思いいたってからは、自らの人格を高めるための哲学を身につけるべく、読書と勉強の日々が始まりました。

社会に出たばかりの私は、大学では化学しか勉強していない、いわば「専門バカ」といってもよいほどで、多くの人が最低限の教養として読むべき本にもほとんどふれていませんでした。したがって、結婚してから妻に、「こんな本も読んでいないのですか」とあきれられたこともしばしばでした。

そんな具合でしたから、私が始めた勉強は人よりも一周も二周も遅く、いやおうなく必死のものにならざるをえませんでした。しかも仕事を終えてからの時間の制約のある中での読書は、これもまたなかなか思うにまかせない。

それでも、哲学や宗教関係の本を枕元にたくさん積んで、どんなに忙しくて疲れた日でも、眠る前にかならず書物を手にとって一ページでも二ページでも読み進めることを続けてきました。そのペースは遅々たるものであっても、全神経を集中して読み、感銘を受けた箇所があれば、赤鉛筆で傍線を引き、何度も反芻《はんすう》する。

カメの歩みよろしく、一歩ずつながら心を磨き、人間を高める泥くさい努力を続けてきたのです。

どんなときでも、心の手入れを怠らない

よく私は、人生のあり方について「人生・仕事の結果＝考え方×熱意×能力」という方程式を用いて説明するのですが、そもそもこうした方程式を思いついたのも、たいして頭もよくなく、とりたてて取り柄もない、田舎《いなか》育ちの私のような人間が、どのようにしたら立派な仕事ができるだろうと考えたからでした。

熱意の大きさはもちろん必要だろう。しかし、決定的に人生を大きく変える要素があるとしたら、それは「考え方」ではないかと思いいたったのです。

ですから、「考え方×熱意×能力」で示される「人生と仕事の方程式」においては、熱意と能力はゼロからプラス一〇〇までの数字しかありませんが、考え方はマイナス一〇〇からプラス一〇〇まである。それが掛け合わされるというところがミソで、どれほど熱意や能力が立派でも、考え方がマイナスならば、すべてがマイナスになってしまいます。

つまり、すばらしい才能に恵まれ、懸命に努力を重ねて目覚ましい業績を上げたとしても、時とともに考え方がマイナスに落ち込んでしまえば、その人の人生すべてがマイナスとなり、没落への道を歩むことになります。

一方、けっして能力に恵まれたわけでもなく、逆境にさらされて苦難の道を歩んでいても、考え方がプラスであるならば、やがてその人はきっと運命を味方につけて、すばらしい人生を送るにちがいありません。

けっきょくのところ、成功や名声、称賛といった栄光も、また挫折や失敗、苦難といった逆境も、天が与えてくれた試練なのです。

だからこそ、私たちは順風満帆のときも、人生が思うままにいっていないときでも、つねに自らを反省し、心の手入れを怠らないことが必要なのです。

イギリスの思想家ジェームズ・アレンも、次のようにいっています。

「人間の心は庭のようなものです。それは知的に耕されることもあれば、野放しにされることもありますが、そこからは、どちらの場合にも必ず何かが生えてきます。

もしあなたが自分の庭に、美しい草花の種を蒔かなかったなら、そこにはやがて雑草の種が無数に舞い落ち、雑草のみが生い茂ることになります。

すぐれた園芸家は、庭を耕し、雑草を取り除き、美しい草花の種を蒔き、それを育《はぐく》みつづけます。同様に、私たちも、もしすばらしい人生を生きたいのなら、自分の心の庭を掘り起こし、そこから不純な誤った思いを一掃し、そのあとに清らかな正しい思いを植えつけ、それを育みつづけなくてはなりません」（『「原因」と「結果」の法則』坂本貢一訳／サンマーク出版刊）

ここには、人生の諸相はすべて私たちの「心」の投影であることが平易な比喩をもって語られています。

すなわち、心という庭の手入れを怠れば、そこにはたちまち雑草という不純なもの、間違ったもの、正しくないものが生い茂ってしまう。

もし、その庭を美しい草花――幸福や充実や成功などによって満たしたいのなら、そこに美しい種――たとえば真摯で誠実で、正しくて清らかな「思い」をまき、育てなくてはならないのです。

それが日々の反省ということです。そのためには、謙虚な気持ちで日々の行いを戒める自省の心、驕り高ぶりを抑制する克己の心を忘れず、もちつづけなければなりません。

私自身も、浮ついた言動をしてしまったり、偉そうな態度をとってしまったときなど、家やホテルで一人になったときに自らを激しく省みることがあります。鏡に映る自分に向かって「このバカものが」と叱りつける。もう一人の自分が、「おまえはなんとけしからんやつだ」と完膚なきまでに責める。そして最後には、「神さま、ごめん」と反省の言葉を口にする。

他の人がその姿を見たら気がふれたと思うかもしれませんが、そのようなことがすっかり習慣になっているのです。自分の心を省みて、つねに正しい方向に向かうように修正することが、おのずと魂を磨き、心を高めることにつながってきます。

もちろん、どれほど心がきれいになったかを目で見ることはできません。しかし、そういうことを重ねるうちに、人格が変わってくるはずなのです。「若いころはずいぶんとやんちゃだったが、このごろは実によい人柄になった」といわれるようになれば、心が磨かれているということです。

芥川龍之介が次のような言葉を残しています。
「運命とは、その人の性格の中にある」
また、文芸評論家の小林秀雄は、「人は性格に合ったような事件にしかでくわさない」ともいっている。人格が変われば、心に抱く思いも変わってくる。すると、その思いが生み出す出来事も、自然に変わってくるのです。

人生を拓く心のあり方を説いた哲人

心こそが人生をつくるもっとも大切なファクターであるということを教えてくれた「師」の一人に、中村天風という方がいます。

師とはいっても、実際にお目にかかったことはありません。おもに書物を読み解きながら、また生前に親交のあった方々を通して、いわば私淑《ししゅく》しながらその思想を学び、糧としてきたのです。

中村天風という人は、先に述べたようにインドに渡りヨガを極めた哲学者で、その思想と実践法を日本で広めた第一人者です。

彼は当時の大蔵省に勤める父親の家庭に生まれますが、生まれつき気性が荒く、手に負えないほどの暴れん坊に育ちます。手に余った父親は、彼を当時の国家主義者の大物であった頭山満のもとに預けます。

「おまえはもっと暴れられる仕事に就くべきだ」という頭山の勧めもあり、天風は十六歳で陸軍が募集していた軍事探偵となって、当時日露戦争のまっただなかであった大陸へと渡ります。

そのとき百十三人いた軍事探偵のうち、のちに帰還したのはわずか九人だったといいますから、どれほど過酷な仕事だったかがわかります。

天風はそんなすさまじい環境で大暴れをして、まったく恐怖心を感じなかったというのですから、よほど度胸の据わった人間だったのでしょう。

ところが、そんな青年が三十前に結核にかかり、すっかり気弱になってしまう。私自身も子どものころにかかった話は先にしましたが、当時結核というのは不治の病でした。

彼はアメリカに渡り、医学部で結核を治すべく勉強しますが、思いのままにならず、ヨーロッパに渡り、高名な心理学者や哲学者のもとを訪ねるが、納得のいく答えは見つからない。

失意の中、帰国の途に就きますが、途中立ち寄ったエジプトのカイロのホテルでインドの聖者・カリアッパ師と運命的な出会いを果たします。藁《わら》にもすがる思いだった天風はカリアッパ師についてインドに渡り、修行をすることになるのです。

そこで悟りをひらいた天風は結核も治癒して、日本に戻ってきます。帰国後は銀行の頭取をしたり、さまざまな事業で成功を収めますが、あるとき思うところがあって、すべての地位を捨てて道ばたで通りすがりの人に向けて、辻説法を始めるのです。

心次第で人生は限りなく拓《ひら》けていく、というのが天風の教えでした。宇宙はどんな人にでも、すばらしい人生が拓けることを保障している。だから、いまどんな境遇にあろうとも、心を明るく保ち、暗い気持ちをもったりマイナスな言葉を口にすることなく、すばらしい未来が訪れることを信じることだといいます。

「元来とんでもない暴れん坊だった私が、いまはこうしてみなさんの前で人生のあり方を説いています。どんな過去があろうとも、心が変わればどんな人にでもすばらしい人生が拓けてきます」

そのように訴える天風の説法を聞こうと、やがて大勢の人が集まるようになり、彼の教えを伝えるために「天風会」という組織もできて、その教えはより多くの人に広まっていきました。

心の力がもたらす不思議な現象の数々

さて、そんな波瀾《はらん》万丈の人生を送った中村天風ですが、さまざまな不思議なエピソードをもっておられます。

大きな企業が炭坑の争議でもめていたときのこと。その調整役を天風が買って出たことがありました。炭坑の労働者は、猟銃をもって立てこもっていて、近づこうものならだれ彼なく発砲する勢いです。危険だからと警察が止めるなか、天風は労働者が陣取っている場所に向かって、吊《つ》り橋を渡っていきます。

吊り橋の下からは労働者が猟銃を撃ってくる。しかし、天風は平然と吊り橋を渡っていく。吊り橋を渡りきると、外套《がいとう》にもズボンにも穴が開いているのですが、彼自身は怪我ひとつ負っていない。

やがて労働者に取り囲まれると、さらに天風は驚くべき行為をやってのけます。道ばたを数羽の放し飼いの鶏が歩いていた、その鶏に天風が杖《つえ》でふれると、鶏はぴたりと動かなくなったのです。杖を離したとたん、鶏は再び動き出したそうです。

そんな彼の不思議な力を見て、労働者たちもしだいに敬意を払うようになり、やがて労働争議も収束していきました。

また、こんなこともあったそうです。

イタリアから有名な猛獣使いが来日したときのこと。当時天風の面倒を見ていた頭山満にひと目会いたいと訪ねてきたそうです。猛獣使いは頭山満の顔をひと目見ると「この人は猛獣の檻《おり》に入っても何事もない」という。そして同席していた天風のほうを見やると、「ああ、この人も大丈夫だ」といったといいます。

そしてまだ訓練もしていない虎が三頭入った檻の前に来ると、頭山が天風に向かって「おまえ、檻の中に入ってみろ」といった。天風が檻の中に入っても、三頭の虎は立っている彼を取り囲んでおとなしくうずくまっていたそうです。

天風はいわば悟りにまでいたった人ですが、その境地にある人のまわりには、ふつうではありえないような現象が起こってくる。そうした話はさまざまな方面にあります。

それほどまでの奇跡的な話ではありませんが、私自身が周囲の人にいつも驚かれることの一つに、「天気」があります。私が仕事で地方や外国に行くとき、たいていは晴天に恵まれるのです。

仕事の所用で海外に赴くと、私が着く寸前まで荒天だったのが一転して雲ひとつない青空になる。私が滞在している数日間はよい天気に恵まれ、私が空港から飛行機に乗り込んでその地を発つと、そのとたんに暗雲がたちこめ、にわかに雪が降り出す。その類《たぐ》いのことが、これまでに幾度となくありました。

私のまわりにいる人たちはたびたびこのような出来事があるので、すっかり慣れて当たり前のように思われていて、私はよく「太陽を背負って歩いている」などといわれたものです。

ただ、この「魔法」は仕事のときに限って効くようで、旅行やゴルフのようなプライベートのときは、からきし効果がないのです。

また、同じような例で、私が乗り込んだ車は、どんなに道路が混んでいるときでも、不思議と渋滞に巻き込まれず、すいすいと目的地まで到着する。そんなことも多々あります。

たとえば、あるときこんなことがありました。

京都の自宅で法事をすませて、タクシーで伊丹空港まで行って飛行機で東京まで飛ぼうと思ったところ、高速道路が事故のため大渋滞しているとのこと。急遽《きゅうきょ》、新幹線に乗って新大阪まで移動し、それから空港まで行くことにしました。

新大阪駅に着いてみると、飛行機のフライトまではわずか四十分しかありません。急いでタクシーに乗り込みましたが、高速道路が渋滞しているので、一般道も混んでいるとのこと。運転手からは、「四十分では無理かもしれませんな。ふつうに走っても三十分かかりますから、今日の大混雑ではむずかしいと思いますよ」といわれてしまいました。

そこで、私はとっておきのひと言をいった。

「そういわずに行ってみてください。私が乗ると、道がすくことになっているんです」

運転手は驚いて私の顔をまじまじと眺めましたが、「そうですか、そんな人が乗ったんだったら、うまくいくかもしれませんね」と車を出してくれた。

やがて予想どおり大渋滞にさしかかったので、裏道を抜けて行くと、運転手さんが「不思議ですな」という。その裏道はいつも混んでいて困るのに、不思議と今日は車通りが少ないといいます。

けっきょく、予想を大幅に裏切って二十分ほどで早々に空港に到着し、余裕をもって飛行機に乗れました。運転手さんは、「いや、ほんとうにお客さんのいうとおりでしたね」としきりに驚いていましたが、私が乗る車は、こうしたことが日常茶飯事なのです。

なかば冗談めいた話のようですが、これは人生も同じなのです。車で空港に向かうにしても、渋滞に巻き込まれたり信号につかまったりで、決まって時間に遅れてしまう人もいる。

つまり、つねにうまく事が進む人生を歩む人がいれば、一方でいつも物事がうまくいかない人もいる。まわりの人たちを思い起こしてみれば、きっと同様のことに気づくのではないでしょうか。

真我に近づけば
ありのままの真実が見えてくる

自分の意思ではどうにもならない、いわゆる「他力」が私たちの人生には深くかかわっている。それもまた、〝心〟のなせる業《わざ》なのです。

魂の中心には、人の心の中でもっとも純粋で、かつもっとも崇高で美しい「真我」がある。それはすばらしい「真・善・美」の世界であり、愛と調和に満ちたものであり、さらに万物を万物たらしめている「たった一つの存在」とまったく同じ存在そのものでもある――それは、これまで述べてきたとおりです。

真我とは、森羅万象すべての事象の大本となる「宇宙の心」そのものですから、そこに描いたものは、すぐに現実の世界に形となって具象化する。つまり、何でも実現することができるのです。

悟りにいたった聖者が意のままに現実を動かすことができるのは、あらゆる心のとらわれから解脱して、「真我」で生きられるようになるからです。

般若心経にもうたわれていますが、仏の教えでは、「真実は空《くう》」だといいます。つまり私たちがこの世を生きていくなかで経験することはすべて、宇宙にある「ただ一つの真実」が投影された世界でしかないということです。

つまり、幸せや不幸せといった私たちが濁世で翻弄される事柄が、いわば幻影だということがわかれば、そこから解脱することができるというわけです。その影の鎖から解き放たれると、この世に起こるすべての事象が手にとるようにわかり、宇宙の真理を知ることができる。座禅を組み、悟りをひらくことの意味は、そこにあるのです。

では、なぜ宇宙の真理は一つであるのに、私たちの人生はそれぞれに波瀾万丈で苦難や困難に満ち、一筋縄ではいかないのか。それは、心が濁ってしまっているために、ありのままの真実が見えないからです。

「怒り」「欲望」「愚痴」――この三つを仏教では「三毒」といって、心を濁らせ、惑わせる元凶であると説いています。

ともすると私たちは、うまくいかない現実に直面して怒りを覚え、自分の思いどおりにしたいと欲を募らせます。また現状に文句をいったり、不平不満をもらしたりしてしまいがちでもある。

現実とは、たった一つの真実が投影されたものです。しかし、そのような濁った心を通して現れた現実は、おのずとそれ相応に濁った現実になる。何のことはない、不幸はすべて自らの心がつくり上げているのです。しきりに自分の人生は不幸だと訴え、不平不満を叫ぶ心が不幸を呼び起こしてしまっているわけです。

悟りにいたった人というのは、こうしたとらわれから解放され、物事の真実の姿が見えます。そのようなまっさらな心を通して紡ぎ出される現実は、ときにまるで奇跡のようなすばらしい出来事を引き起こします。

しかし、幾度となく述べてきたように、私たちは悟りにいたることなどまずできません。できることといえば、一歩でも悟りに近づくべく心を磨いていくしかない。その不断の努力こそが、人生そのものだといえるのです。

そのためにできる一つの方策は、一日のうちわずかでも、心を静め、おだやかに保つ時間をとることです。

現代社会はあふれるほどの情報が間断なく入ってきますし、仕事に追われていると頭の中はめくるめく思考の渦がおさまることがなく、心も安らぎを覚える余裕がありません。そのような心にざわめく波をしばし鎮めて、明鏡止水という状態になる機会をつくってみる。

瞑想《めいそう》でも座禅でもよいのですが、毎日短い時間でもよいので、心を平らかに鎮めるひとときをとることによって、真我の状態に少しでも近づくことができる。それは人生全般を豊かで実りあるものにしてくれる一助となることでしょう。

「運命の師」との出会いで、人生は大きく変わる

すばらしい人生を歩むためには、心を磨き、高めるための自助努力はもちろん必要ですが、一方で人生をよい方向へと導いてくれる人との出会いも不可欠です。人生とはいわば出会いの集積だといってもよい。よき出会いもまた、心を磨き、高めてくれるものです。

では、そうした運命の師ともいえる人と出会うにはどうすればよいでしょうか。それはひとえに、こちらがどんな「心根」をもっているかが大きくものをいうのです。自分の人生を拓いてくれる師との出会いがあったとしても、その方の助言や支援を受けられるような素直な心、ひたむきで純粋な思いをこちらがもっていなければ、よい縁を結ぶことはできません。

振り返ってみれば、私自身もさまざまな人との運命的な出会いがあったおかげで、たいへん幸せな人生を送ることができたと思っています。

運命の出会いということでまず思い出すのは、私に中学進学の道をひらいてくださった先生です。

私が小学校を卒業したのは、まだ戦時中のことでした。卒業するにあたって旧制の名門中学を受験しましたが、ろくに勉強もしていなかった私のこと。合格できるはずもありません。

当時は中学に進学しない子どもは、国民学校の高等科に二年通ったあと、就職していくのが常でした。私も例にならって国民学校に入りましたが、先に述べたとおり、体調を崩して医者に診てもらうと、肺結核の初期症状である肺浸潤であることがわかりました。

やがて戦火が激しくなって、私が住んでいた鹿児島の町もたびかさなる空襲の被害を受けることになりました。そんな大変な状況の中、ある日国民学校の担任であった先生が私の家を訪ねてきてくれた。そして父や母に「和夫くんをどうしても中学に入れてやってほしい」と頼み込み、願書まで出してくださったのです。

試験の当日、その先生は防災ずきんをかぶり、微熱の出ている私の手を引いて、試験会場まで連れていってくれました。しかし、そんな厳しい体調での受験なので、またもや合格できませんでした。

両親も私自身も「もう中学に行くのはあきらめよう」と心に決めましたが、先生は再び私の家に来られて、「もう一つ、私立校がある。どうしても中学に行かせたい」という。しかも、すでに願書も提出済みだといいます。

先生の熱意に押されて、私は私立中学の受験を受け、やっとのことで合格しました。もし、その先生の勧めがなかったら、私は国民学校高等科を卒業しただけで社会に出ていたことでしょう。

高校のとき担任であった先生との出会いもまた、私の人生にとって大きなものでした。

敗戦を機にそれまでの学制が改まり、中学に進学した者は三年で卒業するか、もっと学びたい者はそのまま新制高校に進めるようになりました。

高校三年まで進んだ私は、卒業を前にして、そのまま就職しようと思っていました。しかしそのとき担任であった先生が「稲盛くんは大学に行くべきだ」といって、私の家を二度も訪ねてくださったのです。

家が貧しかったので、両親は次男坊である私の大学進学を渋っていましたが、先生は、「稲盛くんはたいへん成績がよい。このまま就職させるのは惜しい」「学費なら奨学金を受ければよい。それにアルバイトをすればなんとかやっていけるはずだ」と熱を込めて説得してくださった。

またもや私は、その先生の熱意に背中を押されるかたちで、大学に進学することになったのです。

親身になって人生を導いてくれた恩師のひと言

大学に入った私は、それまでとはうってかわって、「ガリ勉」といってもよいほどに勉強に打ち込みました。ところが、卒業するころは朝鮮戦争直後の大不況の時期で、地方大学を出た私にとって、希望どおりの会社に就職することはむずかしい状況でした。

そんななか、大学の指導教授であった先生が私のためにご縁をたどってくださり、京都にある碍子《がいし》の製造会社を紹介してくださった。そのご尽力のおかげで、私はやっと就職することができたのです。

大学で有機化学の勉強しかしていなかったため、就職にあたって私は無機化学を勉強する必要にかられました。そこで半年の間、粘土鉱物の研究をさせてもらい、その成果を卒論にまとめました。

この卒論に、当時着任されたばかりの一人の先生が目を留めてくださいました。東京帝国大学を出て戦前は満州で軽金属の製造を指導した、先端の技術者でもあった方でした。

「これは東大の学生にも引けをとらないほどすばらしい論文だ」と私の卒論を褒めてくださり、コーヒーをごちそうしていただいて「きっとあなたはすばらしい技術者になりますよ」と励ましてくださったのです。

その先生は、私が就職してからも、鹿児島から東京に出張されるときに、「京都駅に何時に停車する特急列車に乗ります」と連絡をくださり、列車が停車しているわずかな時間の間だけ列車のデッキでお話しさせていただきました。仕事の悩みを聞いていただいたり、相談をして有益なアドバイスをいただきました。

このとき勤めていた会社は、先に述べたように上司と折り合いがつかずに辞めることになるのですが、このときに悩んだのが技術者としてパキスタンに渡るか否かでした。

前年に面倒を見たパキスタンから来た実習生の親が、パキスタンで大きな会社を経営しており、「ぜひ、こちらに来て工場を指導してほしい」というオファーを何度も受けていたのです。

そのたびに断っていたのですが、会社を辞めることになっていよいよパキスタンに渡ろうと意を固め、内諾ももらっていました。そして、いつものように京都駅で先生とお会いしたときに、そのことを相談したのです。すると先生は即座に次のようにおっしゃった。

「絶対に行ってはなりません。ここまで苦労して高めた技術をパキスタンで切り売りしているうちに、日本ではさらに技術が進んでいるはずです。そのときにはあなたの技術は日本では使い物にならないでしょう」

明確にそういわれて、私はパキスタン行きを断念したのです。このときパキスタンに渡っていたなら、私は日本に戻ってきても技術者としてはすっかり時代に取り残されてしまっていたことでしょう。

私が中学に進む橋渡しをしてくださった先生、大学受験を勧めてくださった先生、就職先を世話してくださった先生、技術者として道を踏み外さないようにありがたい忠告をくださった先生……いずれの先生方も、ご自身の都合からではなく、私の将来を親身になって心配し、手をさしのべてくださった方ばかりで、まさに人生の恩人ともいうべき方々です。

若いころの私は、誇るべき才能もなければ、特殊な技能があるわけではありませんでした。しかし、どんなことにもど真剣に向かい合い、するべきことがあればただひたすら、懸命に励んできた。私が出会った師の方々は、私のそういう姿勢を見て、心からのアドバイスをくださったのかもしれません。

そうした先生方との出会いを通して、あたかも線路が分岐するように、私の人生は導かれ、大きく変わっていったのです。

人生を支えてくれた妻という存在

そしてまた、だれよりも感謝しなければいけないのは、長年つれそって人生をともに歩んでくれた妻に対してでしょう。

妻と出会ったのは、まだ京セラを設立する前、私が京都の碍子メーカーでセラミックの新製品を開発しようと、夜を日に継いで働いていたころのことです。

当時の私は、研究に没頭するあまり、会社に寝泊まりをして、食事も工場の隅に七輪を置いて適当なものですませるといった、不規則で不健康な生活を送っていました。

ある日のこと、出社して自分の机の上を見ると弁当が置いてあります。だれかが置き忘れたのかとも思いましたが、こんなところに弁当を忘れるはずもありません。だれからの差し入れかわからないままに、ありがたくいただきました。すると翌日も、また次の日も机の上に弁当が届けられます。

実はそれが、当時同僚であった、のちの妻が置いてくれたものでした。あとから聞けば、私が「あまりにもひどい生活をしているのでかわいそうになった」からとのことでしたが、その弁当はおいしく、私にとって実にありがたいものでした。

先にも述べたとおり、当時の私は自分が開発したセラミック材料を使ってテレビのブラウン管に使う絶縁部品の開発を行っていました。そしてその後、大手電機メーカーからの大量注文が入り、量産までをこなすことになりました。

やがて、業績が悪化していた会社では労働組合がストライキに入る構えをみせはじめた。ストに突入してしまえば、生産も止めなければならず、せっかく注文をいただいた得意先の信用も失ってしまうことになります。

私はストに参加せず、部下たちとともに工場に籠城して生産を続ける決心をしました。生産を続けるのはよいが、ストで玄関が封鎖されているなか、つくった製品をいかに外に持ち出して納入するかが問題でした。

ここでも妻が大役を果たしてくれました。毎朝、工場の裏手の塀の外まで彼女に来てもらい、私が塀によじ登っては製品を包んだ袋を外に放り投げる。それを彼女に受け取ってもらい、納品してもらったのです。

ちょうどこのころ、先に述べたように、あまりに私が厳しく従業員に接していたため、非難や抵抗を受けることもありました。

いくら正しいことを貫いているとはいえ、そんなときにはえもいわれぬ孤独感、恐怖感に襲われることもありました。まるでだれもいない切り立った絶壁を、一人で登っている思いがしたものです。

そんなとき、妻にだけは「だれも私についてこなくても、おまえだけは後ろからオレの尻を押してくれるか」といったことがありました。

妻はそのとき「いいですよ。いくらでも押しますよ」と励ましてくれた。そのひと言に力を得て、どんな困難があろうともひたすら進みつづけようと、心を新たにしたのです。

新しい会社を設立すべく、碍子製造の会社を退社した翌日、私たちはコーヒーとケーキだけの質素な結婚式をあげました。以来、半世紀を超える長い時間を妻はいっしょに歩んできてくれました。

つねに仕事で忙しくしている私を横目で見ながら、いつも家の中はきちんと整えてくれていました。私が出張に出るときなどには、衣類は一日ごとにきれいに折りたたまれ、丁寧に荷造りがされていました。

一度、自宅のふだんは使っていない部屋に入ってみて驚いたことがありました。結婚して以来、何十年前からの私のシャツやズボン、靴までがすべて残してあって、足の踏み場すらありません。妻は使い古したものを捨てられないのです。人にあげたらどうだ、といっても、そんな失礼なことはできないといい、だからといって寄付もするわけではなく、ただとってあるだけなのです。

私と同様、贅沢《ぜいたく》などとは無縁の妻ですが、物を大切にするにも度がすぎていて、家の中が古いものでいっぱいです。それでも生活の感覚が私と合うのでしょう。平穏で幸せな生活を共に送ってこられました。

なかなか面と向かってお礼の言葉などをいうことはありませんが、もし妻がいなかったとしたら、私はこれほど仕事に没頭することもできず、会社を立派にすることなどかなわなかったでしょう。感謝してもしきれません。

家族があってこそ、これまでの成功があった

経営という仕事に携わって以来、私は仕事に没頭するのがつねで、家庭のことはまったくといっていいほど顧みることはありませんでした。

他の家庭を見れば、家族団欒《だんらん》を大切にして、子どもの授業参観や運動会など学校の行事にも参加してあげているお父さんも多かったのですが、私は一度もそうした行事に参加したことがありません。よその家庭では夏休みを子どもと過ごしているのに、私はそんなこともほとんどできませんでした。

三人の娘はきっとそんな私に対して不満も抱いていたのでしょうが、それにすら気がつかないほどに、仕事をしていたのです。

もう大人になった娘たちから、あるときこんなことをいわれたことがありました。

「お父さんとはたまにしか夕食の席をいっしょにできないので、珍しい機会だから

と学校であった出来事などを一生懸命話すのですが、いつも上の空。きっと仕事のことばかり考えているのだろうと、それ以上は何もいいませんでした」

私は食事のときには子どもの話を懸命に聞いてあげていたと思い込んでいたので意外だったのですが、きっとそのとおりだったのでしょう。

たしかに、私はときに昼夜を分かたず、心身のすべてを注ぎ込んで、だれよりも懸命に働いてきました。そのために、家族にはだいぶさびしい思いをさせてしまったと思います。

しかし、家族といっしょに楽しい時間を過ごすことも犠牲にするぐらいでないと、経営などできるものではないのも事実です。

先にあげたジェームズ・アレンがこのようにいっています。

「成功を手にできないでいる人たちは、自分の欲望をまったく犠牲にしていない人たちです。もし成功を願うならば、それ相当の自己犠牲を払わなくてはなりません。大きな成功を願うならば、大きな自己犠牲を、この上なく大きな成功を願うならば、この上なく大きな自己犠牲を払わなくてはならないのです」（前掲書）

したがって裏返せば、家庭をそれだけ犠牲にできたということは、私が仕事に邁《まい》進《しん》し没頭しているのを、家族が許して、あたたかく見守ってくれたおかげだともいえます。そんな家族をもてたことをうれしく、また誇らしく思い、深い感謝の念を感じざるをえません。

すべては心に始まり、心に終わる

思い返せば、半世紀をゆうに超える長い年月を、私は会社経営という仕事に捧げてきました。その道はけっして、楽で安全な道ではありませんでした。いま振り返れば、まるで両脇が崖になっている、危険きわまりない山の尾根を歩きつづけてきたようなものです。

しかし不思議なもので、進んでいくのを不安に思ったことはありませんでした。何か大きなものに守られているような安心感があり、その中で信頼と確信をもって歩いてこられたように思います。

あるいは、恐怖や躊躇《ちゅうちょ》を感じる余裕すらなかったというほうが正しいかもしれません。深い霧に覆われて一寸先すらも見えない、そんな道を必死懸命に、目の前の一歩を踏み出すことだけを考えてひたすら歩んできた。

あるとき、ふとたちこめていた霧が途切れ、これまで来た道を振り返ってみたら、初めて切り立った山の崖の上の道だったことに気づき、背筋が凍る思いがした――たとえてみれば、そんな気持ちなのです。

自分の半生はつねにそんな道のりばかりでしたが、それでもどこか安らかな気持ちでやってこられたのは、ある思いがあったからです。

――純粋で美しい心をもって事にあたるならば、何事もうまくいかないものはない。つねに心を磨き、自己を高めつづけていれば、いかなる苦難に見舞われようと、運命はかならずやさしく微笑《ほほえ》み返してくれる――

どこか信仰心にも似た、そんな信念が私の中に息づいていて、ありがたいお守りのように私の人生を助け、守ってくれた。そう思えてならないのです。

本書で再三述べてきたとおり、人生は心のありようですべてが決まっていきます。

それは実に明確で厳然とした宇宙の法則です。

どんな人であっても、与えられているのはいまこの瞬間という時間しかありません。そのいまをどんな心で生きるかが人生を決めていきます。

幸運が訪れることもあるし、逆境に沈まざるをえないこともあるのが人生で、すべては自然がもたらしてくれたものです。

ですから、いまどんなにつらい境遇にあるとしても、それにめげることなく、気負うこともなく、ただ前向きに歩んでいってほしいのです。

そう考えれば、人生とは実にシンプルなものといえます。利他の心をベースに、日々の生活の中で、できうるかぎりの努力を重ねていく。そうすればかならずや運命は好転し、幸福な人生が訪れます。

そして、いかなるときも自分の心を美しく、純粋なものに保っておくということが大切です。

それこそが自分の可能性を大きく花開かせる秘訣《ひけつ》であり、幸福な人生への扉を開く鍵なのです。

稲盛和夫（いなもり・かずお）

一九三二年、鹿児島生まれ。鹿児島大学工学部卒業。五九年、京都セラミック株式会社（現・京セラ）を設立。社長、会長を経て、九七年より名誉会長。また、八四年に第二電電（現・ＫＤＤＩ）を設立、会長に就任。二〇〇一年より最高顧問。一〇年には日本航空会長に就任。代表取締役会長、名誉会長を経て、一五年より名誉顧問。一九八四年には稲盛財団を設立し、「京都賞」を創設。毎年、人類社会の進歩発展に功績のあった人々を顕彰している。

著書に『生き方』『京セラフィロソフィ』（ともに小社）、『働き方』（三笠書房）、『考え方』（大和書房）など、多数。

稲盛和夫オフィシャルホームページ
https://www.kyocera.co.jp/inamori/

心。

二〇一九年 六 月二十五日 初版発行
二〇二〇年 七 月 三十 日 第十六刷発行

著 者 稲盛和夫
発行人 植木宣隆
発行所 株式会社 サンマーク出版
〒一六九-〇〇七五
東京都新宿区高田馬場二-一六-一一
（電）〇三-五二七二-三一六六

印刷・共同印刷株式会社
製本・株式会社若林製本工場

ISBN978-4-7631-3243-7 C0030
ホームページ https://www.sunmark.co.jp